·中国检察官文库·

8

中国检务保障体制改革研究

徐汉明◎编

知识产权出版社
全国百佳图书出版单位

责任编辑：刘　睿　文　茜　　　　责任校对：董志英
特约编辑：刘　欣　　　　　　　　责任出版：卢运霞

图书在版编目（CIP）数据

中国检务保障体制改革研究／徐汉明编．—北京：知识产权出版社，2013.7

ISBN 978-7-5130-2049-7

Ⅰ.①中…　Ⅱ.①徐…　Ⅲ.①检察相关-工作-体制-改革-研究-中国　Ⅳ.①D926.3

中国版本图书馆CIP数据核字（2013）第096541号

中国检务保障体制改革研究

Zhongguo Jianwu Baozhang Tizhi Gaige Yanjiu

徐汉明　编

出版发行：知识产权出版社

社　　址：北京市海淀区马甸南村1号	邮　　编：100088
网　　址：http://www.ipph.cn	邮　　箱：bjb@cnipr.com
发行电话：010-82000860转8101/8102	传　　真：010-82005070/82000893
责编电话：010-82000860转8113	责编邮箱：liurui@cnipr.com
印　　刷：北京市凯鑫彩色印刷有限公司	经　　销：新华书店及相关销售网点
开　　本：787mm×1092mm　1/16	印　　张：18
版　　次：2013年8月第一版	印　　次：2013年8月第一次印刷
字　　数：210千字	定　　价：45.00元

ISBN 978-7-5130-2049-7

《中国检察官文库》
编 委 会

本研究课题组

课题负责人

徐汉明　湖北省人民检察院党组副书记、常务副检察长，全国检察业务专家

课题组成员

金　鑫　湖北省武汉市汉阳区人民检察院检察长

刘大举　湖北省人民检察院计财处处长

匡茂华　湖北省人民检察院办公室副主任

杨剑波　湖北省人民检察院办公室副主任

曹国兴　湖北省人民检察院计财处副处长

刘尧成　湖北省人民检察院计财处副处长

邓佛围　湖北省咸宁市人民检察院办公室主任

李　若　湖北省宜昌市伍家岗区人民检察院办公室主任

夏祥军　湖北省宜昌市三峡坝区人民检察院办公室主任

吴方春　湖北省襄阳市城郊地区人民检察院办公室主任

董可飞　湖北省十堰市张湾区人民检察院办公室干部
肖　伟　湖北省人民检察院计财处干部
燕　娟　湖北省荆州市江北地区人民检察院干部

总　序

2011年9月，在社会各界的大力关心和支持下，湖北省检察官文学艺术联合会正式成立，揭开了湖北检察文化发展的新篇章。检察文化是社会主义先进文化的重要组成部分，是加强检察队伍建设的重要载体和有效抓手，是检察官的精神家园。检察官文学艺术联合会作为检察队伍建设的重要力量，作为推动检察文化建设的重要载体和平台，对凝聚人心、激发热情、提振精神、推动检察文化发展繁荣、促进检察工作科学发展具有十分重要的作用。

湖北省检察官文学艺术联合会成立后，以党的“十七大”、十七届五中全会和六中全会精神以及社会主义核心价值体系为引领，按照“全国检察机关第十三次检察工作会议”的部署，以“六观”（大局观、核心价值观、执法观、业绩观、权力观、发展观）、“六个有机统一”统一思想，围绕“三个体系”（检察工作方针政策体系、执法办案和法律监督工作体系、检察机关自身建设体系）建设，充分发挥检察官文学艺术联合会的联络、协调、服务职能，紧贴检察工作，深入检察实际，大力开展检察文化艺术创作和文化艺术活动，在服务检察机关、服务检察队伍、服务基层、服务社会上初显成效。为了进一步增强检察文学艺术作品的凝聚力、创造力、影响力，提升广大检察人员的文化自信和自觉，湖北检察官文学艺术联合会在遵循检察文化发展规律的基础上，提出了将文化建设战略思维方案化、方案谋划项目化、项目实施活动化的工作思路，鼓励支持基层检察人员做“加法”、做“乘法”，积极参与谋划和开展“检察文化进基层”“文化提升执法公信力”等活动，以项目导向、项目策划、项目实施、项目责任、项目考核、项目效应为抓手，努力推出一批精品力作，打造一批体现湖北省检察文化建设的品牌，推动发展思路、发展目标的具体落实，为湖北省检察工作和检察队伍建设的科学发展作出贡献。

《中国检察官文库》就是湖北省检察官文学艺术联合会着力推进的重大项目工程之一。《文库》以检察官在执法办案中的所思、所想、所感为对象，力争以理论创新引领工作机制创新，推动检察法治文化的大发展和大繁荣。《文库》坚持以质取文的原则，入选著作既可以是针对检察工作进行顶层设计的鸿篇巨制，也可以是对检察实务中的重点、热点、难点问题进行探幽发微的短小精辟之作。只要著作言之有物、具有理论创新性，就可以被选入《文库》出版。同时，《文库》又是开放式的，不仅仅针对湖北检察官的著作，全国各地检察官的著作，只要符合《文库》的入选要求，都可以选入《文库》出版计划。另外，高等院校、科研院所、政府机构的专家学者，只要其著书与检察工作有关，有检察官参与，符合《文库》入选要求的，也十分欢迎他们的大作能为《文库》增添光彩。

我们知道，《中国检察官文库》作为一株幼苗，要想茁壮健康成长，需要全国各地检察官们及时给予关心与呵护，更离不开社会各界贤达的支持、鼓励和鞭策。我们真诚希望，《中国检察官文库》作为检察官自己的舞台，能够充分发挥检察官思想库的作用，积极为检察体制和工作机制创新发展建言献策，在推动我国依法治国方略的实施过程中发挥应有的作用。当然，由于水平有限，入选著作可能存在观点稚嫩甚至讹误等问题，敬请各位读者批评指正。

中国检察官文学艺术联合会常务理事，中国检察学研究会理事
湖北省检察官文学艺术联合会主席，全国检察业务专家
湖北省人文社会科学重点研究基地——中南财经政法大学法治
发展与司法改革研究中心主任，教授、博士生导师

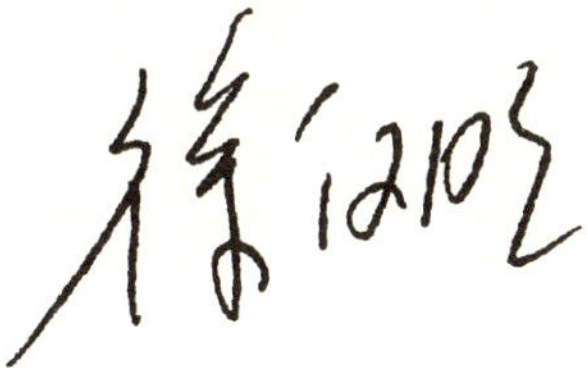

2012 年 5 月 28 日

序

检务保障是全部检察工作的物质基础，是检察机关严格、公正、文明、廉洁执法的必备条件。近年来，国家经济快速发展，财力不断增强，中央和地方对检察机关转移支付力度不断加大，保障水平明显提高，有效地促进了检察事业的科学发展。但是，现行检务保障模式存在的缺陷，仍然是困扰和影响检察事业科学发展的重要因素，需要进一步深化改革，从体制机制上入手，突破体制性障碍和机制性困扰的束缚。

科学确立“十二五”及今后时期深化检务保障体制改革的总体思路和基本要求，是检察机关公正廉洁执法、推动检察工作科学发展、更好地服务经济社会科学发展的必然要求。《中国检务保障体制改革研究》的作者，着眼于促进“十二五”及今后时期检察工作科学发展，对检务保障体制机制进行了深入研究，针对现实检察保障中的现状和问题，采取广泛运用数据统计、抽样对比、问卷调查、案例说明等形式，对检察保障体制机制、保障特点和保障规律等问题进行了综合分析，研究提出了与检察事业科学发展相匹配的目标任务，即建立与国家公共财政均等化保障相适应，与检察事业科学发展相协调的检察保障体制机制，并重点围绕“十二五”及今后时期检察保障体制、经费保障、装备保障、基础设施建设等内容提出了改革方案。

该书集理论研究与实践操作于一体，具有较强的理论性、专业性和实践指导性，对“十二五”及今后一个时期检务保障工作的改革发展，具有一定的参考价值。我们相信，本书的出版，对深化检察保障理论的研究，加强检察保障体制机制改革的探索，会起到有力地推动作用。同时也相信，通过广大检察工作人员的艰辛努力，将会有更多的研究成果问世，为进一步推进保障体制改革提供更为丰富的理论支持和实践模型。

是为序。

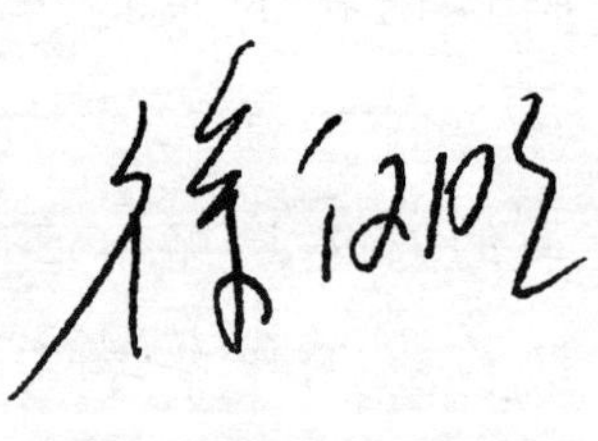

2012 年 3 月 18 日

前　　言

检务保障是检察机关履行法律监督职责的物质基础。一直以来，党中央、国务院以及各级地方党委政府对检察机关的保障问题高度重视、大力支持，特别是“十一五”期间，随着我国社会生产力快速发展和综合国力大幅提升，国家对检察工作的投入进一步加大，检务保障体制改革深入推进，“明确责任、分类负担、收支脱钩、全额保障”的检察经费保障体制逐步形成并落实，在一定程度上解决了经费保障困难、基础设施薄弱、科技装备手段落后等检务保障中一些突出问题，干警待遇有明显提高，执法条件有明显改善，科技强检有明显增强。

“十二五”时期是全面建设小康社会的关键时期，是深化改革开放、加快转变经济发展方式的攻坚时期，同时也是检察事业发展的大好时期。当前，与推动检察工作科学发展的要求相比，检务保障还存在一些问题和差距，主要表现为六个不适应，即经费保障总体水平偏低，同法律监督工作的快速发展不相适应；经费保障增幅与财政收入增幅不协调，同法律监督工作的协调发展不相适应；分类负担的经费保障政策不完善，同法律监督工作的持续发展不相适应；收支两条线运行存在“明脱暗挂”现象，同法律监督的健康发展不相适应；检察人员待遇“两极分化”，同检察事业的可持续发展不相适应；正常经费增长机制缺位，同检察事业的创新发展不适应。如何科学确立“十二五”及今后时期深化检察保障体制改革的总体思路和基本要求，进一步加强和改进新时期检察保障工作，为检察工作科学发展提供有力支撑是我们必须高度重视和着力解决的重大课题。

作为检察机关工作人员，笔者以“中国现代检务保障体制改革研究”为选题，在深入调研、总结分析近五年来检务保障体制改革成效、经验、问题的基础上，坚持从中国国情出发，坚持社会主义政治、经济制度，从理论和实践两个层面，系统回答在“十二五”及今后时期提出了相应的总体思路、目标任务、基本原则、方案选择以及需要正确处理的重大关系、需要着力解决重大问题和需要推进完成的重大项目，并紧围绕建立与国家公共财政均等化保障相适应的中国特色社会主义检察保障体系的目标任务，拟定了人员经费保障标准体系、公用经费保障标准体系、装备配备标准体系、基础设施建设标准体系、检务保障队伍能力建设体系，描述了中国特色社会主义司法保障体系的基本轮廓，希望对深化今后一个时期检察保障体制改革、推动检察工作科学发展有所裨益。

因时间仓促，认识水平有限，难免存在错误或不适当之处，恳请各位领导、专家、同人批评指正。

课题负责人：

2012 年 3 月 18 日

目　　录

规划篇

人员经费篇

公用经费篇

装备建设篇

基础设施篇

队伍建设篇

借鉴篇

规划篇

关于“十二五”及今后时期深化检察保障体制改革总体思路和基本要求的调研报告

科学确立“十二五”及今后时期深化检察保障体制改革的总体思路和基本要求，对于加强和改进新时期检察保障工作，推进检察工作科学发展具有重要意义。根据最高人民检察院通知要求，我们组织专班认真开展专题调研，并形成此调研报告供参考。

一、“十二五”及今后时期深化检察保障体制改革的形势任务和背景条件

准确把握“十二五”及今后时期检察保障工作的形势任务和背景条件，是科学确立深化检察保障体制改革总体思路和基本要求的重要前提。

（一）形势任务

“十二五”及今后时期，我国发展仍处于可以大有作为的重要战略机遇期，检察工作正处于发展的关键时期。深化检察保障体制

改革、不断提高检察保障水平，是健全完善中国特色社会主义检察制度、推动人民检察事业发展进步、保障检察机关全面履行法律监督职能的迫切需要。从检察工作面临的新形势新任务来看，“十二五”及今后时期检察工作面临对敌斗争更加尖锐复杂、经济领域矛盾纠纷不断显现、人民内部矛盾多样多发、刑事犯罪高位运行、职务犯罪仍然易发多发等新的形势，检察机关在维护国家安全、服务经济社会发展、维护社会和谐稳定、推进反腐败斗争深入发展、提升自身执法能力与水平等各方面的责任更加重大、任务更加繁重，迫切需要深化检务保障体制改革，加强和改进检察保障工作。从推动检察工作科学发展看，在检察工作中，业务工作是中心，队伍建设是根本，检务保障是基础，三者相辅相成。检察工作科学发展要求我们必须统筹处理好业务建设、队伍建设、保障建设的关系，形成更为合理的工作格局。在当前业务建设、队伍建设积极推进并不断取得新成果的情况下，检察保障相对滞后、薄弱的问题日益显现。检察保障体制必须与检察业务建设、队伍建设的形势与任务相适应，使检务保障与业务工作、队伍建设协调发展。从落实公正廉洁执法的要求看，检察机关加强自身建设，增强执法能力与水平，提高执法公信力任务繁重，需要建立与之相适应的检察保障体制；特别是对利益驱动导致的执法不严不公、为钱办案等问题，需要通过改善检察保障消除深层诱因。从检察保障体制的运行规律看，中共中央办公厅、国务院办公厅已出台推行的分级负责、分类负担的保障模式及其运行机制，对于推动检察事业科学发展、促进公正廉洁执法具有重大作用，但从建立公共财政均等化保障模式来看，仍未能跳出传统的保障模式，检察经费保障仍然依赖和受制于地方，区域性差异明显，根除检察保障的体制性障碍、机制性缺陷任务艰巨。

（二）工作基础

“十一五”时期特别是2009年分类负担保障政策实施以来，检察机关在党中央、国务院的正确领导下，在各级党委政府的大力支持下，检察保障和执法条件不断改善。主要体现在以下几点。

1. 检察经费保障水平不断提高

2006~2010年，全国检察机关（含各省、市、自治区、新疆生产建设兵团，不含最高人民检察院本级。下同）经费总收入年均增长率为19.67%，经费总支出年均增长率为19.01%。全国检察机关2006~2010年经费收入支出明细见表1-1。

表1-1 全国检察机关2006~2010年经费收入支出明细表（不含港、澳、台）

年度	人数（人）	本年总收入（万元）	年均增长率（%）	本年总支出（万元）	年均增长率（%）
2006年	21 7736	1 788 053.70	—	1 758 074.41	—
2007年	238 240	2 435 618.14	36.22	2 410 551.10	37.11
2008年	242 981	2 774 593.54	13.92	2 749 095.58	14.04
2009年	253 513	3 150 939.92	13.56	2 994 878.64	8.94
2010年	260 882	3 623 614.30	15.00	3 472 084.45	15.93
合计	1 213 352	13 772 819.60	19.67	13 384 684.18	19.01

数据来源：根据2006~2010年最高人民检察院财务决算报表整理。

2. 检察经费收入与支出结构基本稳定

2006~2010年，全国检察机关人员经费（包括工资、津补贴、其他）、公用经费（包括日常公用经费、检察业务经费）、装备费（包括检察业务类、技术检验鉴定类、综合办公类、基础网络类和人员培训类等经费）的收入结构比例每年基本保持在44.62%、43.7%、11.68%左右，支出结构比例基本保持在45.72%、43.75%、10.53%左右。全国检察机关2006~2010年经费收入支出结构明细见表1-2。

表 1－2　全国检察机关 2006～2010 年经费收入支出结构明细表（不含港、澳、台）

年度	经费收入						经费支出					
	人员经费		公用经费		装备费		人员经费		公用经费		装备费	
	金额（万元）	人员经费占收入（%）	金额（万元）	人员经费占收入（%）	金额（万元）	人员经费占收入（%）	金额（万元）	人员经费占收入（%）	金额（万元）	人员经费占收入（%）	金额（万元）	人员经费占收入（%）
2006 年	701 925.89	41.00	817 955.50	47.77	192 257.01	11.23	738 290.44	41.99	708 750.29	40.31	311 033.68	17.69
2007 年	966 945.44	45.75	978 228.58	46.28	168 500.56	7.97	976 679.02	46.02	965 279.08	45.48	180 339.35	8.50
2008 年	1 139 936.16	47.89	992 673.36	41.70	247 739.96	10.41	1 153 429.72	47.99	1 058 853.54	44.05	191 251.41	7.96
2009 年	1 260 178.52	44.84	1 206 924.69	42.95	342 992.49	12.21	1 266 496.15	46.98	1 186 657.42	44.02	242 781.73	9.01
2010 年	1 393 366.91	43.19	1 354 590.24	41.98	478 477.20	14.83	1 402 224.08	44.79	1 378 563.54	44.03	349 945.80	11.18
合计	5 462 352.92	44.62	5 350 372.36	43.70	1 429 967.22	11.68	5 537 119.41	45.72	5 298 103.87	43.75	1 275 351.96	10.53

数据来源：根据 2006～2010 年最高人民检察院财务决算报表整理。

3. 赃款返还在经费收入中的比例有所下降

2006～2010年，全国检察机关依法追缴赃款上缴财政560.21亿元，占国家财政总收入的0.18%。其中，赃款返还126.81亿元，占上缴财政的22.64%，占检察经费总收入的9.21%，年均减少0.05%。全国检察机关2006～2010年赃款返还情况明细见表1－3。

4. 中央和省转移支付、专项补贴投入比重逐年加大

2006～2010年，中央、省转移支付和专项补贴155.29亿元。其中，中央转移支付和专项补贴103.87亿元，省转移支付和专项补贴51.42亿元；2009年改革后的年均增长率为85.11%，比改革前上升了45个百分点。全国检察机关2006～2010年中央、省转移支付和专项补贴明细见表1－4。

5. “收支两条线”的财政管理制度有效执行

各级检察机关认真贯彻执行中央和国务院“收支两条线”的规定，不断规范财务管理，暂扣款进入财政专户监管，赃款全额上缴。如湖北省检察院和省财政厅适时组织专项检查，督促“收支两条线”制度的落实，纠正和防止检察机关坐收坐支、挪用赃款和私设“小金库”等问题。

6. 市县级检察院公用经费保障标准逐步落实

截至2010年，全国检察机关有31个省级检察院协同财政部门制定了市县级检察院公用经费最低保障标准。湖北省检察院2006年会同省财政厅制定了《全省县级检察院公用经费保障标准》，分三类予以保障，已全部落实到位。2010年湖北省检察机关有保障标准单位公用经费收入明细见表1－5。

表 1－3　全国检察机关 2006～2010 年赃款返还情况明细表（不含港、澳、台）

年度	经费总收入（万元）	其中				本年追缴赃款			财政总收入（亿元）	赃款返还占财政总收入（%）
		赃款返还（万元）	赃款返还年增长（%）	赃款返还占上缴财政（%）	赃款返还占总收入（%）	小计	其中			
							上交财政	随案移送		
2006 年	1 788 053.70	235 335.56	0.00	67.45	13.16	440 589.04	348 888.87	40 409.57	38 760.00	0.09
2007 年	2 435 618.14	283 206.84	20.34	7.72	11.63	3 905 458.04	3 668 558.19	35 640.51	51 322.00	0.71
2008 年	2 774 593.54	248 838.15	－12.14	51.49	8.97	596 991.40	483 271.89	80 998.83	61 330.00	0.08
2009 年	3 150 939.92	265 922.80	6.87	50.08	8.44	675 188.62	531 022.81	106 433.19	68 518.00	0.08
2010 年	3 623 614.30	234 780.56	－11.71	41.17	6.48	696 719.46	570 311.36	73 290.86	83 080.00	0.07
合计	13 772 819.60	1 268 083.91	－0.05	22.64	9.21	6 314 946.56	5 602 053.13	336 772.96	303 010.00	0.18

数据来源：根据 2006～2010 年最高人民检察院财务决算报表整理。

表 1-4 全国检察机关 2006~2010 年中央、省转移支付和专项补贴明细表（不含港、澳、台）

年度	合计（万元）	年均增长（%）	中央专款（万元）			省转移支付（万元）
			小计	中央办案补助	中央装备补助	
2006 年	113 339.78	40.15	92 480.74	34 585.00	57 895.74	20 859.04
2007 年	150 000.00		110 000.00	40 000.00	70 000.00	40 000.00
2008 年	204 346.26		152 224.05	52 131.56	100 092.49	52 122.21
2009 年	533 023.74	85.11	333 971.33	158 084.28	175 887.05	199 052.41
2010 年	552 199.60		350 009.58	157 325.52	192 684.06	202 190.02
合计	1 552 909.38	44.97	1 038 685.70	442 126.36	596 559.34	514 223.68

数据来源：根据 2006~2010 年最高人民检察院财务决算报表整理。

表 1-5 2010 年湖北省检察机关有保障标准单位公用经费收入明细表

单位	财政编制人数（人）	公用经费		
		金额（万元）	人均（万元）	保障标准（万元）
郧县县院	84	381.61	4.54	1.8
郧西县院	67	127.00	1.90	1.8
竹山县院	72	312.14	4.34	1.8
竹溪县院	67	151.38	2.26	1.8
房县县院	80	154.87	1.94	1.8
江陵县院	48	157.71	3.29	1.8
秭归县院	51	206.93	4.06	1.8
五峰县院	41	126.33	3.08	1.8
南漳县院	81	149.50	1.85	1.8
保康县院	60	119.00	1.98	1.8
孝昌县院	61	151.00	2.48	1.8
大悟县院	94	237.81	2.53	1.8
团风县院	64	374.57	5.85	1.8
英山县院	65	143.80	2.21	1.8
崇阳县院	66	225.45	3.42	1.8
通山县院	64	419.03	6.55	1.8
建始县院	64	226.13	3.53	1.8
宣恩县院	50	115.41	2.31	1.8

续表

单位	财政编制人数（人）	公用经费		
		金额（万元）	人均（万元）	保障标准（万元）
咸丰县院	52	190.78	3.67	1.8
新洲区院	98	544.10	5.55	2.1
阳新县院	111	596.84	5.38	2.1
监利县院	123	406.89	3.31	2.1
洪湖市院	97	320.66	3.31	2.1
远安县院	45	232.66	5.17	2.1
兴山县院	41	175.96	4.29	2.1
长阳县院	54	206.21	3.82	2.1
襄阳区院	121	261.23	2.16	2.1
谷城县院	85	185.00	2.18	2.1
老河口院	88	219.00	2.49	2.1
宜城市院	98	254.00	2.59	2.1
东宝区院	68	147.00	2.16	2.1
沙洋县院	73	210.00	2.88	2.1
钟祥市院	100	674.34	6.74	2.1
孝南区院	140	296.00	2.11	2.1
云梦县院	78	177.80	2.28	2.1
安陆市院	103	226.00	2.19	2.1
麻城市院	107	226.00	2.11	2.1
武穴市院	82	263.37	3.21	2.1
黄州区院	86	215.75	2.51	2.1
红安县院	129	629.11	4.88	2.1
罗田县院	71	300.86	4.24	2.1
浠水县院	110	231.00	2.10	2.1
蕲春县院	99	315.70	3.19	2.1
黄梅县院	140	675.00	4.82	2.1
咸安区院	105	224.80	2.14	2.1
嘉鱼县院	63	176.64	2.80	2.1
通城县院	72	162.40	2.26	2.1

续表

单位	财政编制人数（人）	公用经费		
		金额（万元）	人均（万元）	保障标准（万元）
赤壁市院	75	424.09	5.65	2.1
恩施市院	95	321.55	3.38	2.1
利川市院	88	641.20	7.29	2.1
巴东县院	65	331.51	5.10	2.1
鹤峰县院	52	180.00	3.46	2.1
广水市院	122	287.14	2.35	2.1
神农架院	43	209.57	4.87	2.1
蔡甸区院	97	627.00	6.46	2.6
江夏区院	101	506.17	5.01	2.6
黄陂区院	99	295.33	2.98	2.6
大冶市院	130	862.76	6.64	2.6
丹江口院	87	426.90	4.91	2.6
荆州区院	76	209.82	2.76	2.6
松溪市院	113	742.40	6.57	2.6
公安县院	107	548.20	5.12	2.6
石首市院	97	405.00	4.18	2.6
夷陵区院	60	392.55	6.54	2.6
枝江县院	60	242.45	4.04	2.6
宜都市院	56	168.00	3.00	2.6
当阳市院	62	179.00	2.89	2.6
枣阳市院	129	595.00	4.61	2.6
京山县院	89	294.67	3.31	2.6
汉川市院	132	650.50	4.93	2.6
应城市院	131	413.73	3.16	2.6
曾都区院	50	189.19	3.78	2.6
仙桃市院	130	361.00	2.78	2.6
潜江市院	106	291.43	2.75	2.6
天门市院	137	360.00	2.63	2.6
来凤县院	53	145.40	2.74	2.6
合计	6 460	23 826.33	3.69	—

数据来源：根据 2006 ~ 2010 年最高人民检察院财务决算报表整理。

7. 装备配备得到加强

截至2010年年底，全国检察机关的地市级检察院全部联入检察专线网并建成计算机局域网；县级检察院中有93%联入检察专线网，98%建成计算机局域网。据对湖北省检察机关的调查，全系统共有各类器材设备49 886件（台、套），总价约6.78亿元。湖北省检察机关装备设施明细见表1－6。

表1－6　湖北省检察机关装备设施明细表

项目	投入资金（万元）	投入设备（辆、台、套）
装备配备合计	67 800.00	49 886
（1）交通工具	13 653.20	4 930
其中：小汽车	9 348.11	3 672
（2）通信及信息网络设备	26 177.31	18 463
其中：通信设备	1 909.96	2 516
信息网络设备	21 141.39	15 530
保密设备	920.48	419
（3）技术设备	17 749.61	12 211
其中：侦查诉讼设备	14 777.23	10 998
①同步录音录像设备	8 364.54	5 019
②多媒体示证系统	2 283.38	2 096
检验鉴定设备	1 050.47	1 016
（4）其他设备	10 219.88	14 282
其中：安全防范设备	1 814.52	3 075
诉讼档案管理设备	781.70	1 512
其他	7 623.65	9 696

8. 基础设施建设发展较快

2006～2010年，全国检察机关“两房”建设累计投资460多亿元，总面积达1 428.9万平方米。90%的检察院基本完成了“两房”建设任务；有9个省级检察院建立了检察官分院。湖北省检察机关新建、改扩建“两房”累计投资13多亿元，建设面积54.84万平方米，现人均达到51.5平方米。检察保障状况的不断改善，为深化检察保障体制改革奠定了良好基础。

（三）机遇与挑战

“十二五”及今后时期，深化检察保障体制改革面临难得的发展机遇和有利条件：（1）党中央对深化司法体制改革，完善政法检察保障体制提出了明确要求；（2）人民群众深化检察保障体制改革的呼声较高，对建立与国家公共财政均等化保障相适应的中国特色社会主义检察保障体系有较高的认知度；（3）“十二五”及今后时期我国经济社会将继续保持良好发展势头，综合国力增强，国家调控财力的能力大幅提升，为深化检察保障体制改革提供有力支撑。同时，也面临新的挑战：（1）中国特色社会主义法律体系已经形成，维护国家法制统一是推进法治建设的必然要求，但现有保障体制特别是经费保障方面存在的结构性缺陷、区域性差异与国家法制统一要求保障均等化的矛盾进一步显现；（2）社会主义法律体系形成后，需要更加重视法律实施，在这种情况下有法必依、执法必严、违法必究的问题就显得更为突出和紧迫，检察机关加强法律监督、保障国家法律统一正确实施的责任更加重大，不断增长的法律监督任务对检察保障提出了更高需求；（3）随着社会结构深刻变动，社会群体类别不断增多，不同群体的利益诉求不尽相同，对社会公正的期待也不尽相同，使得社会公正问题凸显，检察机关在维护社会公正方面的任务更加艰巨繁重，工作量、工作成本、工作难度大大增加，对检察保障提出了更高需求；（4）当前执法环境更加公开、透明、信息化，同时国家法律制度如修订后的律师法、国家赔偿法、刑事诉讼法以及新出台的“两个证据规则”等对执法办案提出了更高、更严格的要求，需要建立与之相适应的检察保障体制；（5）科技强检是必由之路，检察机关围绕强办案、强监督、强管理推进科技强检的任务急迫地摆在面前，实现保障现代化、提升检察工作科技含量是检察机关面临的重大考验。

（四）问题和差距

1. 经费保障总体水平偏低，同法律监督工作的快速发展不相适应

据调查统计，2006～2010年，全国检察机关、湖北省检察机关的主要业务工作量均大幅上升。全国检察机关案件情况见表1－7至表1－20。

同期，全国检察机关经费年均收入增幅比国家财政年均收入增幅少1.55个百分点，经费年均支出增幅比国家财政年均支出增幅少6.07个百分点，检察经费保障总量不足，与检察业务快速发展不相称。全国检察机关经费收入与财政总收入对比明细见表1－21，全国检察机关经费支出与财政总支出对比明细见表1－22。

表 1－7　全国检察机关查办职务犯罪案件基本情况之一（不含港、澳、台）

年度	控申部门受理举报职务犯罪线索（件）	侦查部门受案（件）	立案侦查职务犯罪									立案件数与控申部门受理举报数比率（%）	立案件数与侦查部门受案数比率（成案率）（%）
			立案		同比增减	立查大案	同比增减	立查要案	同比增减	立查厅级要案	立查省部级以上要案		
			（件）	（人）	（%）	（件）	（%）	（人）	（%）	（人）	（人）		
2006 年	214 584	57 867	33 668	40 041	-3.39	18 241	0.22	2 736	-2.25	202	6	15.7	58.2
2007 年	190 962	53 978	33 651	40 753	1.78	19 633	7.60	2 706	-1.10	168	5	17.6	62.3
2008 年	173 973	51 961	33 546	41 179	10.50	20 805	6.00	2 687	-0.70	181	4	19.3	64.6
2009 年	180 857	51 868	32 439	41 531	0.90	21 366	3.70	2 670	-0.60	204	8	17.9	62.5
2010 年	181 916	49 969	32 909	44 085	6.10	21 732	1.70	2 723	0.00	188	6	18.1	65.9
5 年合计	942 292	265 643	166 213	207 589	—	101 777	—	13 522	—	943	29	17.6	62.6
2001～2005 年合计	1 389 865	386 328	200 900	226 685	—	92 288	—	14 425	—	—	—	14.5	52.0
与 2001～2005 年的 5 年相比较	下降 32.2%	下降 31.2%	下降 17.3%	下降 8.4%	—	上升 10.3%	—	下降 6.3%	—	—	—	增加 3.1	增加 10.6

表 1－8　全国刑事犯罪案件立破案、审查批捕主要情况（不含港、澳、台）

年度	公安机关对刑事犯罪立、破案情况			检察机关审查批捕刑事犯罪情况						受理批捕所占比率	
	立案	破案	破案率	受理批捕		批准逮捕	不批准逮捕	批捕率	批捕率同比增减	件数占公安立案比率	件数占公安破案比率
	（件）	（件）	（%）	（件）	（人）	（人）	（人）	（%）	（%）	（%）	（%）
2006年	4 666 474	2 214 149	47.4	636 166	1 001 760	891 620	95 607	90.3	-1.0	13.6	28.7
2007年	4 807 517	2 410 344	50.1	655 325	1 033 942	920 766	100 711	90.1	-0.2	13.6	27.2
2008年	4 884 960	2 411 476	49.4	683 345	1 069 172	952 583	107 815	89.8	-0.3	14.0	28.3
2009年	5 579 915	2 447 515	43.9	693 844	1 071 958	941 091	123 235	88.4	-1.4	12.4	28.3
2010年	5 969 892	2 329 947	39.0	706 392	1 069 401	916 209	143 891	86.4	2.0	11.8	30.3
5年合计	25 908 758	11 813 431	45.6	3 375 072	5 246 233	4 622 269	571 259	89.1	—	13.0	28.6
2001～2005年合计	22 554 707	9 519 271	42.2	2 929 692	4 467 866	4 071 642	364 411	91.7	—	13.0	30.8
与2001～2005年的5年相比较	上升14.9%	上升24.1%	增加3.4	上升15.2%	上升17.4%	上升13.5%	上升56.8%	降低2.6	—	持平	降低2.2

表 1-9　全国刑事犯罪案件立破案、审查起诉主要情况（不含港、澳、台）

年度	公安机关对刑事犯罪立、破案情况			检察机关审查起诉刑事犯罪情况						受理审查起诉所占比率	
	立案	破案	破案率	受理审查起诉		决定起诉	决定不起诉	起诉率	起诉率同比增减	件数占公安立案比率	件数占公安破案比率
	（件）	（件）	（%）	（件）	（人）	（人）	（人）	（%）	（%）	（%）	（%）
2006年	4 666 474	2 214 149	47.4	736 867	1 175 863	999 086	18 578	98.2	0.1	15.8	33.3
2007年	4 807 517	2 410 344	50.1	780 218	1 260 329	1 082 487	27 988	97.5	-0.7	16.2	32.4
2008年	4 884 960	2 411 476	49.4	820 601	1 324 651	1 143 897	29 871	97.5	0.0	16.8	34.0
2009年	5 579 915	2 447 515	43.9	829 188	1 332 768	1 134 380	33 048	97.2	-0.3	14.9	33.9
2010年	5 969 892	2 329 947	39.0	837 601	1 331 198	1 148 409	37 485	96.8	-0.4	14.0	35.9
5年合计	25 908 758	11 813 431	45.6	4 004 475	6 424 809	5 508 259	146 970	97.4	—	15.5	33.9
2001~2005年合计	22 554 707	9 519 271	42.2	3 300 252	5 061 827	4 332 185	102 928	97.6	—	14.6	34.7
与2001~2005年的5年相比较	上升14.9%	上升24.1%	增加3.4	上升21.3%	上升26.9%	上升27.1%	上升42.8%	降低0.2	—	增加0.9	降低0.8

表 1－10　全国刑事犯罪案件立案、诉讼监督主要情况之一（不含港、澳、台）

年度	公安机关对刑事犯罪立案	检察机关对公安机关刑事立案监督		检察机关侦查监督				法院判决刑事犯罪案件	检察机关对刑事审判活动监督				提出刑事抗诉占法院判决案件比率	法院判决刑事犯罪人数
		监督立案	监督立案占公安立案比率	追捕	追捕占逮捕总数比率	追诉	追诉占起诉总数比率		提出刑事抗诉	法院审结	直接改判	改判率		
	（件）	（件）	（%）	（人）	（%）	（人）	（%）	（件）	（件）	（件）	（件）	（%）	（%）	（人）
2006 年	4 666 474	16 662	0.36	14 858	1.67	10 703	1.07	702 445	3 161	1 911	834	43.6	0.45	889 042
2007 年	4 807 517	17 421	0.36	16 173	1.76	13 208	1.22	724 112	3 053	1 829	765	41.8	0.42	931 745
2008 年	4 884 960	20 198	0.41	20 777	2.14	16 968	1.44	767 842	3 248	2 083	863	41.4	0.42	1 007 304
2009 年	5 579 915	19 466	0.35	21 281	2.22	19 240	1.65	768 507	3 963	2 391	1 004	42	0.52	996 666
2010 年	5 969 892	31 203	0.52	37 642	4.11	36 486	3.18	779 641	5 425	3 880	1 506	38.8	0.70	1 030 613
5 年合计	25 908 758	104 950	0.39	110 731	2.40	96 605	1.75	3 742 547	18 850	12 094	4 972	41.4	0.50	4 855 370
2001～2005 年合计	22 554 707	100 084	0.44	56 606	1.41	32 015	0.75	3 225 387	15 968	6 358	2739	43.1	0.50	3 797 433
与 2001～2005 年的 5 年相比较	上升 14.9%	上升 4.9%	降低 0.05	上升 95.6%	增加 0.99	上升 201.7%	增加 1	上升 16%	上升 18%	上升 90.2%	上升 81.5%	降低 1.7	持平	上升 27.9%

表 1－11　全国刑事犯罪案件立案、诉讼监督主要情况之二（不含港、澳、台）

年度	法院判决民事行政案件	检察机关民事行政审判活动监督									检察机关刑罚执行监督	
		受理不服民事行政判决	受理数占法院判决数比率	提出民事行政抗诉	提出抗诉数占法院判决数比率	抗诉案件法院再审审结	再审改变率	提出再审检察建议	法院采纳再审检察建议	采纳率	书面纠正超期羁押	书面纠正监管场所违法
	（件）	（件）	（%）	（件）	（%）	（件）	（%）	（件）	（件）	（%）	（人）	（人）
2006年	4 481 349	65 361	1.50	12 669	0.28	8 941	68.1	5 949	3 626	61.0	233	3 800
2007年	4 825 950	61 991	1.30	11 817	0.24	8 175	67.8	5 992	3 599	60.1	57	9 636
2008年	5 520 989	57 586	1.00	11 459	0.21	7 565	70.4	5 220	3 953	75.7	212	11 307
2009年	5 920 456	66 020	1.10	11 556	0.20	7 787	72.0	6 714	4 691	69.9	333	21 675
2010年	6 339 492	147 968	2.30	12 139	0.19	9 719	76.2	11 290	9 326	82.6	529	19 942
5年合计	27 088 236	398 926	1.50	59 640	0.22	42 187	71.0	35 165	25 195	71.6	1 364	66 360
2001～2005年合计	22 609 666	374 195	1.66	68 866	0.30	40 891	73.6	20 600	11 251	54.6	133 835	34 607
与2001～2005年的5年相比较	上升19.8%	上升6.6%	降低0.16	下降13.4%	降低0.08	上升3.2%	降低2.6	上升70.7%	上升123.9%	增加17	下降99%	上升91.8%

表 1-12　全国检察机关接待涉法涉诉信访及刑事赔偿情况（不含港、澳、台）

年度	检察机关接待涉法涉诉申诉信访					检察机关刑事赔偿		
	合计	其中不服公安机关不立案	其中不服检察机关处理决定	其中不服法院刑事判决裁定	其中不服法院民事行政裁判决定	检察机关受理刑事赔偿	决定赔偿	支付赔偿金
	（件）	（件）	（件）	（件）	（件）	（件）	（件）	（万元）
2006 年	121 051	6 162	3 422	18 423	43 318	1 382	644	1 110. 6
2007 年	112 632	5 895	2 632	16 494	40 361	1 143	656	1 288. 8
2008 年	105 301	5 364	2 402	15 399	36 270	963	571	1 469. 3
2009 年	110 198	5 595	3 033	14 684	38 372	936	582	1 426. 7
2010 年	122 637	5 700	6 583	18 569	43 095	1 741	1 305	2 892. 8
5 年合计	571 819	28 716	18 072	83 569	201 416	6 165	3 758	8 188. 2
2001 ~ 2005 年合计	649 244	32 563	47 846	106 884	313 531	8 090	2 252	2 549. 0
与 2001 ~ 2005 年的 5 年相比较	下降 11. 9%	下降 11. 8%	下降 62. 2%	下降 21. 8%	下降 35. 8%	下降 23. 8%	上升 66. 9%	上升 221. 2%

表 1－13　全国未成年犯、老年犯、初犯、偶犯刑事犯罪捕、诉、判情况（不含港、澳、台）

年度	不满18周岁的未成年犯				初犯、偶犯中						法院判决刑事犯罪人数
					学生		国家工作人员		国企工人		
	捕	诉	判	判决数占刑事犯罪总判决数比率	捕	诉	捕	诉	捕	诉	
	（人）	（人）	（人）	（%）	（人）	（人）	（人）	（人）	（人）	（人）	（人）
2006年	92 574	98 568	83 697	9.41	11 378	18 378	5 227	7 264	36 402	49 492	889 042
2007年	95 121	106 266	87 506	9.39	9 844	17 007	4 575	7 217	36 899	53 804	931 745
2008年	88 607	101 928	88 891	8.82	8 698	16 594	4 673	7 344	30 889	47 280	1 007 304
2009年	76 331	89 559	77 604	7.79	7 015	13 363	4 616	6 910	23 389	41 536	996 666
2010年	68 461	79 977	72 153	7.44	6 448	12 757	4 461	6 797	23 851	37 496	1 030 613
5年合计	421 094	476 298	409 851	8.51	43 383	78 099	23 552	35 532	151 430	229 608	4 855 370
2001～2005年合计	387 164	379 397	311 561	8.20	60 901	82 484	29 367	38 330	186 711	232 124	3 797 433
与2001～2005年的5年相比较	上升8.8%	上升25.5%	上升31.5%	增加0.31	下降28.8%	下降5.3%	下降19.8%	下降7.3%	下降18.9%	下降1.1%	上升27.9%

表 1－14　湖北省检察机关查办职务犯罪案件基本情况

年度	控申部门受理举报职务犯罪线索	侦查部门受案	立案侦查职务犯罪										立案件数与控申部门受理举报数比率	立案件数与侦查部门受案数比率（成案率）
			立案		同比增减	立查大案	同比增减	立查要案	同比增减	立查厅级要案	立查省部级以上要案		
	（件）	（件）	（件）	（人）	（%）	（件）	（%）	（人）	（%）	（人）	（人）	（%）	（%）
2006 年	8 035	2 716	1 557	1 708	1.5	809	-1.8	158	13.7	13	0	19.4	57.3
2007 年	5 478	2 431	1 644	1 805	5.7	1 035	27.9	164	3.8	12	0	30	67.6
2008 年	6 210	2 227	1 628	1 808	0.2	1 015	-1.9	170	3.7	13	0	26.2	73.1
2009 年	6 861	2 081	1 593	1 868	3.3	1 050	3.4	153	-10.0	16	0	23.2	76.5
2010 年	7 190	1 911	1 603	1 950	4.4	907	-13.6	133	-13.1	10	0	22.3	83.9
5 年合计	33 774	11 366	8 025	9 139	—	4 816	—	778	—	64	0	23.8	70.6
2001～2005 年合计	58 359	24 713	8 939	9 821	—	3 934	—	769	—	73	0	15.3	36.2
与 2001～2005 年的 5 年相比较	下降 42.1%	下降 54%	下降 10.2%	下降 6.9%	—	上升 22.4%	—	上升 1.2%	—	下降 12.3%	—	增加 8.5	增加 34.4

表 1－15　湖北省刑事犯罪案件立破案、审查批捕主要情况

年度	公安机关对刑事犯罪立、破案情况			检察机关审查批捕刑事犯罪情况						受理批捕所占比率	
	立案	破案	破案率	受理批捕		批准逮捕	不批准逮捕	批捕率	批捕率同比增减	件数占公安立案比率	件数占公安破案比率
	（件）	（件）	（%）	（件）	（人）	（人）	（人）	（%）	（%）	（%）	（%）
2006年	154 114	67 595	43.9	19 295	29 901	27 370	1 787	93.9	-0.7	12.5	28.5
2007年	164 415	74 833	45.5	20 864	31 702	29 180	1 876	94.0	0.1	12.7	27.9
2008年	173 061	79 035	45.7	21 478	32 505	29 779	2 018	93.7	-0.3	12.4	27.2
2009年	195 836	90 916	46.4	22 079	33 629	30 812	2 174	93.4	-0.3	11.3	24.3
2010年	221 735	76 401	34.5	21 873	33 048	29 950	2 379	92.6	-0.8	9.9	28.6
5年合计	909 161	388 780	42.8	105 589	160 785	147 091	10 234	93.5	—	11.6	27.2
2001～2005年合计	777 493	391 752	50.4	92 772	139 771	125 291	8 689	93.5	—	11.9	23.7
与2001～2005年的5年相比较	上升16.9%	下降0.76%	降低7.6	上升13.8%	上升15%	上升17.4%	上升17.8%	持平	—	降低0.3	增加3.5

表 1－16　湖北省刑事犯罪案件立破案、审查起诉主要情况

年度	公安机关对刑事犯罪立、破案情况			检察机关审查起诉刑事犯罪情况						受理审查起诉所占比率	
	立案	破案	破案率	受理审查起诉		决定起诉	决定不起诉	起诉率	起诉率同比增减	件数占公安立案比率	件数占公安破案比率
	（件）	（件）	（%）	（件）	（人）	（人）	（人）	（%）	（%）	（%）	（%）
2006 年	154 114	67 595	43.9	20 437	32 497	27 047	761	97.3	0.3	13.3	30.2
2007 年	164 415	74 833	45.5	23 036	35 973	30 087	991	96.8	-0.5	14.0	30.8
2008 年	173 061	79 035	45.7	23 621	36 853	30 659	1 002	96.8	0	13.6	29.9
2009 年	195 836	90 916	46.4	24 939	39 455	33 081	906	97.3	0.5	12.7	27.4
2010 年	221 735	76 401	34.5	25 161	38 958	32 249	857	97.4	0.1	11.3	32.9
5 年合计	909 161	388 780	42.8	117 194	183 736	153 123	4 517	97.1	—	12.9	30.1
2001～2005 年合计	777 493	391 752	50.4	96 329	146 233	118 245	3 854	96.8	—	12.4	24.6
与 2001～2005 年的 5 年相比较	上升 16.9%	下降 0.76%	降低 7.6	上升 21.7%	上升 25.6%	上升 29.5%	上升 17.2%	增加 0.3	—	增加 0.5	增加 5.5

表 1－17　湖北省刑事犯罪案件立案、诉讼监督主要情况之一

年度	公安机关对刑事犯罪立案	检察机关对公安机关刑事立案监督		检察机关侦查监督				法院判决刑事犯罪案件	检察机关对刑事审判活动监督				提出刑事抗诉占法院判决案件比率
		监督立案	监督立案占公安立案比率	追捕	追捕占逮捕总数比率	追诉	追诉占起诉总数比率		提出刑事抗诉	法院审结	直接改判	改判率	
	（件）	（件）	（%）	（人）	（%）	（人）	（%）	（件）	（件）	（件）	（件）	（%）	（%）
2006 年	154 114	664	0.43	217	0.79	153	0.57	19 897	94	56	21	37.5	0.47
2007 年	164 415	778	0.47	257	0.88	207	0.69	21 928	85	52	25	48.1	0.39
2008 年	173 061	889	0.51	559	1.82	295	0.92	22 313	88	46	25	54.3	0.39
2009 年	195 836	951	0.49	578	1.82	520	1.50	23 395	118	79	27	34.2	0.50
2010 年	221 735	1 088	0.49	903	2.93	1 130	3.33	26 547	119	68	23	33.8	0.45
5 年合计	909 161	4 370	0.48	2 514	1.71	2 305	1.51	114 080	504	301	121	40.2	0.44
2001～2005 年合计	777 493	3 373	0.43	1 060	0.85	328	0.28	98 737	708	331	123	37.2	0.72
与 2001～2005 年的 5 年相比较	上升 16.9%	上升 29.6%	增加 0.05	上升 137.2%	增加 0.86	上升 602.7%	增加 1.23	上升 15.5%	下降 28.8%	下降 9.1%	下降 1.6%	增加 3	降低 0.28

表 1－18　湖北省刑事犯罪案件立案、诉讼监督主要情况之二

年度	法院判决民事行政案件	检察机关民事行政审判活动监督									检察机关刑罚执行监督	
		受理不服民事行政判决	受理数占法院判决数比率	提出民事行政抗诉	提出抗诉数占法院判决数比率	抗诉案件法院再审审结	再审改变率	提出再审检察建议	法院采纳再审检察建议	采纳率	书面纠正超期羁押	书面纠正监管场所违法
	（件）	（件）	（%）	（件）	（%）	（件）	（%）	（件）	（件）	（%）	（人）	（人）
2006 年	138 391	2 856	2.1	490	0.35	234	67.5	48	19	39.6	3	164
2007 年	139 953	2 473	1.8	486	0.35	370	71.1	81	24	29.6	0	37
2008 年	159 626	1 921	1.2	447	0.28	259	67.6	129	48	37.2	0	43
2009 年	168 794	1 922	1.1	409	0.24	179	73.2	212	42	19.8	17	345
2010 年	176 666	2 042	1.2	432	0.24	158	77.2	196	55	28.1	53	499
5 年合计	783 430	11 214	1.4	2 264	0.29	1 200	71.0	666	188	28.2	73	1 088
2001～2005 年合计	—	15 387	1.8	2 917	0.34	1 212	79.0	433	108	24.9	5 278	186
与 2001～2005 年的 5 年相比较	—	下降 27.1%	降低 0.4	下降 22.4%	降低 0.05	下降 1%	降低 8	上升 53.8%	上升 74.1%	增加 3.3	下降 98.6%	上升 484.9%

表 1－19　湖北省检察机关接待涉法涉诉信访及刑事赔偿情况

年度	检察机关接待涉法涉诉申诉信访					检察机关刑事赔偿		
	合计	其中不服公安机关不立案	其中不服检察机关处理决定	其中不服法院刑事判决裁定	其中不服法院民事行政裁判决定	检察机关受理刑事赔偿	决定赔偿	支付赔偿金
	（件）	（件）	（件）	（件）	（件）	（件）	（件）	（万元）
2006 年	3 080	204	383	261	1 081	66	26	37.75
2007 年	2 501	206	236	300	885	58	18	29.32
2008 年	2 512	169	24	341	850	41	11	22.88
2009 年	2 149	142	40	284	781	31	15	17.26
2010 年	2 347	86	47	373	839	37	22	28.55
5 年合计	12 589	807	730	1 559	4 436	233	92	135.76
2001～2005 年合计	15 329	1 068	932	2 056	7 893	699	167	133.88
与 2001～2005 年的 5 年相比较	下降 17.9%	下降 24.4%	下降 21.7%	下降 24.2%	下降 43.8%	下降 66.7%	下降 44.9%	—

表 1－20 湖北省未成年犯、老年犯、初犯、偶犯刑事犯罪捕、诉、判情况

年度	不满18周岁的未成年犯				60周岁以上老年犯				初犯、偶犯中						刑事犯罪总判决数
									学生		国家工作人员		国企工人		
	捕	诉	判	判决数占刑事犯罪总判决数比率	捕	诉	判	判决数占刑事犯罪总判决数比率	捕	诉	捕	诉	捕	诉	
	(人)	(人)	(人)	(%)	(人)	(人)	(人)	(%)	(人)	(人)	(人)	(人)	(人)	(人)	(人)
2006年	3 741	3 499	2 945	13	191	253	159	0.7	649	609	198	289	1143	888	22 876
2007年	3 838	3 509	3 131	11.5	271	356	181	0.66	569	654	183	252	881	847	17 368
2008年	3 554	3 593	3 030	11.3	227	338	256	0.96	408	682	251	324	789	824	26 682
2009年	3 200	3 211	2 930	10.3	254	379	249	0.88	339	503	218	220	771	861	28 507
2010年	2 641	2 744	2 287	8.1	250	408	389	1.37	299	496	169	232	745	841	30 449
5年合计	16 974	16 556	14 323	11.4	1 193	1 734	1 234	0.98	2 264	2 944	1 019	1 317	43 29	4 261	125 882
2001～2005年合计	15 488	13 146	11 575	10.84	1 112	1 625	1 163	1.14	2 799	2 857	1 239	1 461	5 871	5 572	—
与2001～2005年的5年相比较	上升 9.6%	上升 25.9%	上升 23.7%	增加 0.56	上升 7.3%	上升 6.7%	上升 6.1%	降低 0.16	下降 19.1%	上升 3%	下降 17.8%	下降 9.9%	下降 26.3%	下降 23.5%	—

表 1－21　全国检察机关经费收入与财政总收入对比明细表（不含港、澳、台）

年度	全国检察机关经费总收入（万元）	年均增长率（%）	全国财政总收入（亿元）	年均增长率（%）	检察经费收入增幅与财政收入增幅差异（%）
2006 年	1 788 053.70	—	38 760.00	—	—
2007 年	2 435 618.14	36.22	51 322.00	32.41	3.81
2008 年	2 774 593.54	13.92	61 330.00	19.50	-5.58
2009 年	3 150 939.92	13.56	68 518.00	11.72	1.84
2010 年	3 623 614.30	15.00	83 080.00	21.25	-6.25
合计	13 772 819.60	19.67	303 010.00	21.22	-1.55

数据来源：根据 2006～2010 年最高人民检察院财务决算报表整理。

表 1－22　全国检察机关经费支出与财政总支出对比明细表（不含港、澳、台）

年度	全国检察机关经费总支出（万元）	年均增长率（%）	全国财政总支出（亿元）	年均增长率（%）	检察经费支出增幅与财政支出增幅差异（%）
2006 年	1 758 074.41	—	40 422.73	—	—
2007 年	2 410 551.10	37.11	49 781.35	23.15	13.96
2008 年	2 749 095.58	14.04	62 592.66	25.74	-11.69
2009 年	2 994 878.64	8.94	81 536.42	30.27	-21.32
2010 年	3 472 084.45	15.93	98 777.84	21.15	-5.21
合计	13 384 684.18	19.01	333 111.00	25.07	-6.07

数据来源：根据 2006～2010 年最高人民检察院财务决算报表整理。

2. 经费保障增幅与财政收入增幅不协调，同法律监督工作的协调发展不相适应

据统计，2006～2010 年，全国检察经费年均收入有 13 个省份与财政收入年均增幅的差距在 5 个百分点以上。2006～2010 年全国财政收入增幅与全国检察机关经费收入增幅对比表见表 1－23。

表 1-23　2006～2010 年全国财政收入增幅与全国检察机关经费收入增幅对比表

（不含港、澳、台）

地区	财政收入（亿元）	年均增长率（%）	检察收入（万元）	年均增长率（%）	年均增幅差距在 5 个百分点以上的单位（个）
北京市	19 348.95	26.08	360 557.98	10.07	1
上海市	26 154.63	18.84	462 595.00	13.18	1
广东省	35 820.15	22.42	1 124 228.96	12.70	1
福建省	8 977.27	24.50	394 779.02	17.60	1
江苏省	28 679.31	27.46	927 072.09	18.59	1
浙江省	21 127.41	22.00	626 683.13	16.67	1
山东省	21 593.18	22.24	846 111.08	21.56	0
天津市	7 068.77	26.76	201 650.90	22.02	0
辽宁省	14 095.23	26.25	547 586.58	21.85	0
东部小计	182 864.90	24.06	5 491 264.74	17.14	6
黑龙江省	3 931.26	17.15	426 833.81	21.12	0
吉林省	4 379.48	27.00	434 035.36	26.67	0
海南省	1 549.86	28.42	141 842.74	24.99	0
河北省	10 203.13	22.53	653 852.73	22.53	0
山西省	8 450.66	28.66	390 004.41	18.89	1
河南省	11 138.12	23.43	847 687.50	22.24	0
安徽省	7 442.49	29.48	401 089.57	25.01	0
湖北省	6 649.00	19.40	577 639.15	19.67	0
江西省	5 224.94	24.58	371 530.50	18.07	1
湖南省	7 922.26	22.33	578 437.63	15.09	1
中部小计	66 891.20	21.30	4 822 953.41	21.43	3
内蒙古自治区	6 433.83	22.17	333 845.85	31.84	0
陕西省	6 186.17	29.07	332 136.22	21.50	1
宁夏回族自治区	1 023.22	25.91	100 332.71	36.75	0
云南省	6 409.22	25.26	441 377.52	19.89	1
贵州省	3 721.55	24.00	276 115.12	23.19	0
四川省	10 818.38	29.71	636 963.08	22.23	1

续表

地区	财政收入（亿元）	年均增长率（%）	检察收入（万元）	年均增长率（%）	年均增幅差距在5个百分点以上的单位（个）
重庆市	5 791.36	31.17	235 372.32	24.02	1
甘肃省	2 584.48	29.44	216 629.67	26.34	0
广西壮族自治区	5 539.63	22.36	357 921.40	24.24	0
西藏自治区	257.89	27.63	104 220.71	30.72	0
新疆维吾尔自治区	3 750.06	26.09	272 093.89	26.83	0
青海省	738.10	28.45	113 372.47	29.24	0
新疆生产建设兵团	—	0.00	38 220.49	25.73	0
西部小计	53 253.90	26.77	3 458 601.46	26.35	4
总计	303 010.00	24.22	13 772 819.60	19.67	13

数据来源：根据2006～2010年最高人民检察院财务决算报表整理。

随着检察改革的深化、法律监督职能的拓展，经费保障面临许多新情况、新问题。据调查，跨区域、跨国境职务犯罪增加，查处职务犯罪的难度加大，办案成本增加；审查逮捕职务犯罪案件与“上提一级”改革之前相比，工作量和办案成本增加；“两个证据规则”出台后，原来出庭支持公诉一项工作，现在变成了出庭支持公诉，证据的合法性审查、调查及其证明，提出量刑建议等三项工作，办案工作量与成本成倍增加；法律监督调查、职务犯罪预防、社区矫正、检务公开、配合地方党委和政府的中心工作、教育培训、法律监督向基层延伸等，都对经费保障提出了新的要求。

3. 分类负担的经费保障政策不完善，同法律监督工作的持续发展不相适应

分类负担保障政策规定，检察机关人员经费、日常公用经费、办公基础设施建设经费和各类基础设施维修经费由同级财政负担，

办案业务经费、业务装备经费及业务基础设施建设经费由中央、省级和同级财政分区域按责任负担。虽然一定程度上体现了不同地区各级政法部门的保障特点，缓解了中西部地区县级、维稳任务重的地区及经济困难地区市（地）级政法机关的经费保障压力，但未能从根本上脱离传统的分级负担保障模式，各类经费保障均不同程度依赖和受制于地方。由于东、中、西部地区经济发展、财力状况、增长速度的不平衡性，检察经费保障的差异性难以根除。2006～2010年全国检察机关经费收入和支出见表1-24。

表1-24　2006～2010年全国检察机关经费收入和支出表（不含港、澳、台）

地区	检察收入（万元）	年均增长率（%）	检察支出（万元）	年均增长率（%）
北京市	360 557.98	10.07	355 393.27	10.05
上海市	462 595.00	13.18	454 459.56	13.53
广东省	1 124 228.96	12.70	1 110 222.05	13.18
福建省	394 779.02	17.60	385 345.80	17.89
江苏省	927 072.09	18.59	922 957.46	17.88
浙江省	626 683.13	16.67	613 288.01	17.32
山东省	846 111.08	21.56	825 575.41	20.75
天津市	201 650.90	22.02	192 079.61	22.97
辽宁省	547 586.58	21.85	540 049.02	20.82
东部小计	5 491 264.74	17.14	5 399 370.19	17.16
黑龙江省	426 833.81	21.12	429 998.53	20.40
吉林省	434 035.36	26.67	407 519.43	26.84
海南省	141 842.74	24.99	130 969.83	24.24
河北省	653 852.73	22.53	633 894.89	18.39
山西省	390 004.41	18.89	381 602.22	21.72
河南省	847 687.50	22.24	807 162.62	21.23
安徽省	401 089.57	25.01	398 723.31	25.08
湖北省	577 639.15	19.67	575 340.74	16.63

续表

地区	检察收入（万元）	年均增长率（%）	检察支出（万元）	年均增长率（%）
江西省	371 530.50	18.07	358 183.61	17.56
湖南省	578 437.63	15.09	572 877.73	15.41
中部小计	4 822 953.41	21.43	4 696 272.91	20.75
内蒙古自治区	333 845.85	31.84	300 724.67	26.36
陕西省	332 136.22	21.50	324 670.01	21.52
宁夏回族自治区	100 332.71	36.75	91 852.61	32.08
云南省	441 377.52	19.89	431 747.81	21.58
贵州省	276 115.12	23.19	263 074.67	24.87
四川省	636 963.08	22.23	618 752.76	20.87
重庆市	235 372.32	24.02	230 293.15	22.94
甘肃省	216 629.67	26.34	208 291.40	24.96
广西壮族自治区	357 921.40	24.24	327 117.64	19.34
西藏自治区	104 220.71	30.72	104 036.13	30.13
新疆维吾尔自治区	272 093.89	26.83	247 927.48	20.91
青海省	113 372.47	29.24	102 791.34	22.71
新疆生产建设兵团	38 220.49	25.73	37 761.40	24.31
西部小计	3 458 601.46	26.35	3 289 041.08	24.04
总计	13 772 819.60	19.67	13 384 684.18	19.01

数据来源：根据 2006～2010 年最高人民检察院财务决算报表整理。

4. 收支两条线运行存在“明脱暗挂”现象，同法律监督的健康发展不相适应

尽管中央三令五申强调“收支两条线”，但因检察经费保障均受地方经济发展影响，在经济欠发达和西部不发达地区，许多是“吃饭财政”，只能保人员经费、保基本运转，无力提供检察发展的经费保障，有的不得不采取变通的办法，实行收支挂钩、以收定支、赃款返还奖励等政策措施。虽然近年来中央、省转移支付力度不断加大，但基层院经费保障整体水平增幅较小，形成了事实上的“上

进下退”，出现“挤出效应”。据调查，2006～2010年，全国检察机关经费收入中赃款返还用于人员经费、公用经费、装备费和基础设施建设的比例分别为6.44%、62.45%、14.36%、16.75%。2006～2010年全国检察机关经费收入明细见表1－25。

5. 检察人员待遇“两极分化”，同检察事业的可持续发展不相适应

由于人员经费仍由同级财政负担，检察干警的工资津补贴待遇相差悬殊。这主要表现在：（1）东中西部人员经费保障水平差距大：东部比中部、西部分别高出65.94%、60.68%，东部最高的上海市年人均12.09万元，比中部最低的河南省年人均3.06万元高出9.03万元，高出295.1%，比西部最低的甘肃省年人均3.32万元高出8.77万元，高出264.16%。（2）虽然全国检察人员基本工资基本相等，但津补贴差距悬殊：东部比中部、西部人均年津补贴分别高出108.26%、85.31%。2006～2010年全国检察机关人员经费收入明细见表1－26。（3）同一省区内省市县（区）三级院人均津补贴差距大：据对中部湖北省抽样调查，2010年全省人均津补贴3.04万元，7万～8万元5个单位，占4.07%；6万～7万元3个单位，占2.44%；5万～6万元3个单位，占2.44%。4万～5万元6个单位，占4.88%；3万～4万元21个单位，占17.07%；2万～3万元52个单位，占42.28%；1万～2万元29个单位，占23.58%；1万元以下的4个单位，占3.25%；最高的武汉市江汉区院人均7.66万元比最低的保康县院人均0.85万元高出6.81万元，高出801.18%。（4）与中央垂直管理单位差距大：据对湖北省国税系统的调查，2010年度省国税月人均津补贴是省检察院月人均津补贴的2.15倍。（5）基层检察人员职级待遇更低：据抽样调查，湖北省77个基层检

察院处级干部、科员、办事员的年收入水平与武汉市基层院同级人员比较，分别相差0.78倍、0.68倍和0.68倍。人员经费保障尤其是基层人员待遇低，带来人才引进难、留住人才难、安心基层难，基层干警反映现在推行的分级保障模式与传统保障模式是“换汤不换药”，基层干警没有得到实惠，人往基层走、夯实基层、从优待检的改革政策没有到位。(6) 正常经费增长机制缺位，同检察事业的创新发展不适应。中办、国办32号文件提出要建立正常的公用经费增长机制，但同时规定，日常公用经费标准由本地区经济社会发展和财力状况等因素确定，所需增加经费由同级财政负担，许多“吃饭财政”难以落实。而且，业务装备经费和基础设施建设经费投入未纳入增长调整范围，致使检察经费预算存在软指标。装备经费投入只占检察经费投入的10.38%，明显偏低，且地区间差异很大，最高的装备投入经费占总收入的23.73%，最低的只有2.82%。基础设施建设的保障体制未完全建立，所有这些，需要通过深化检察保障体制改革，破解检察保障体制性障碍、机制性困扰，切实予以解决。2006~2010年全国检察机关装备经费收入明细见表1-27。

表1-26　2006~2010年全国检察机关人员经费收入明细表（不含港、澳、台）

（万元）

地区	人员经费	人均	其中			
			基本工资	人均	津贴补贴	人均
北京市	142 813.32	6.88	31 120.20	1.50	111 693.12	5.38
上海市	243 035.18	12.09	44 808.45	2.23	198 226.72	9.86
广东省	496 226.29	7.11	126 780.52	1.82	369 445.77	5.30
福建省	172 507.59	4.31	51 725.23	1.29	120 782.36	3.01
江苏省	420 086.42	7.08	89 988.58	1.52	330 097.84	5.56
浙江省	310 983.83	7.25	60 810.98	1.42	250 172.85	5.84
山东省	331 796.91	4.13	117 939.53	1.47	213 857.38	2.66

续表

地区	人员经费	人均	其中			
			基本工资	人均	津贴补贴	人均
天津市	106 712.11	7.11	24 112.99	1.61	82 599.12	5.50
辽宁省	211 528.23	4.09	72 269.13	1.40	139 259.10	2.69
东部小计	2 435 689.88	6.09	619 555.62	1.55	1 816 134.26	4.54
黑龙江省	158 467.99	3.72	65 288.53	1.53	93 179.46	2.19
吉林省	115 035.32	3.69	53 451.54	1.71	61 583.78	1.97
海南省	44 886.71	4.31	16 601.92	1.59	28 284.79	2.71
河北省	247 734.12	3.94	101 374.93	1.61	146 359.19	2.33
山西省	155 496.29	3.55	63 505.11	1.45	91 991.18	2.10
河南省	284 005.75	3.06	134 144.82	1.45	149 860.93	1.62
安徽省	165 588.38	3.93	55 580.05	1.32	110 008.33	2.61
湖北省	214 118.22	4.11	76 745.94	1.47	137 372.28	2.64
江西省	120 449.96	3.48	50 272.93	1.45	70 177.04	2.03
湖南省	191 060.23	3.85	71 755.41	1.45	119 304.82	2.41
中部小计	1 696 842.96	3.67	688 721.17	1.49	1 008 121.80	2.18
内蒙古自治区	121 883.83	3.56	47 019.07	1.37	74 864.75	2.19
陕西省	135 195.58	3.82	56 847.71	1.60	78 347.87	2.21
宁夏回族自治区	34 806.12	3.74	12 156.17	1.30	22 649.9	2.43
云南省	160 972.08	3.72	51 041.83	1.18	109 930.25	2.54
贵州省	103 398.03	3.53	36 614.43	1.25	66 783.60	2.28
四川省	242 010.31	3.77	79 972.54	1.24	162 037.77	2.52
重庆市	80 184.94	3.74	29 213.11	1.36	50 971.83	2.38
甘肃省	89 393.73	3.32	36 399.02	1.35	52 994.71	1.97
广西壮族自治区	133 557.70	3.84	43 995.05	1.27	89 562.65	2.58
西藏自治区	55 023.33	5.41	16 958.95	1.67	38 064.38	3.74
新疆维吾尔自治区	107 017.86	3.87	38 035.45	1.37	68 982.41	2.49
青海省	46 841.98	4.81	14 751.05	1.51	32 090.93	3.29
新疆生产建设兵团	19 534.60	4.13	6 218.29	1.32	13 316.31	2.82
西部小计	1 329 820.07	3.79	469 222.67	1.34	860 597.41	2.45
总计	5 462 352.92	4.50	1 777 499.45	1.46	3 684 853.47	3.04

数据来源：根据 2006 ~2010 年最高人民检察院财务决算报表整理。

表 1－27　2006～2010 年全国检察机关装备经费收入明细表（不含港、澳、台）

单位	装备费（万元）	装备费占总收入（%）	人均（万元）	年初预算（万元）	年中追加（万元）	其中			
						赃款返还（万元）	赃款返还人均（万元）	有赃款返还单位个数（个）	赃款返还占装备费（%）
北京市	42 538.71	11.80	2.05	9 224.99	33 313.72	—	0.00	0.00	0.00
上海市	39 658.49	8.57	1.97	37 643.17	2 015.32	—	0.00	0.00	0.00
广东省	67 964.64	6.05	0.97	44 176.70	23 787.94	10 014.15	0.14	1.00	14.73
福建省	37 040.75	9.38	0.92	16 796.62	20 244.13	1 917.74	0.05	1.00	5.18
江苏省	66 420.26	7.16	1.12	32 689.50	33 730.76	8 656.39	0.15	1.00	13.03
浙江省	52 806.48	8.43	1.23	31 281.22	21 525.26	679.64	0.02	1.00	1.29
山东省	105 820.71	12.51	1.32	27 474.26	78 346.45	17 762.47	0.22	1.00	16.79
天津市	20 455.36	10.14	1.36	3 106.11	17 349.25	—	0.00	0.00	0.00
辽宁省	49 338.33	9.01	0.95	16 330.63	33 007.70	8 914.59	0.17	1.00	18.07
东部小计	482 043.73	8.78	1.21	218 723.20	263 320.53	47 944.98	0.12	6.00	9.95
黑龙江省	59 994.22	14.06	1.41	15 909.16	44 085.06	9 957.16	0.23	1.00	16.60
吉林省	42 778.08	9.86	1.37	9 430.50	33 347.58	13 114.40	0.421	1.00	30.66
海南省	16 478.99	11.62	1.58	9 776.28	6 702.71	711.70	0.07	1.00	4.32
河北省	100 705.75	15.40	1.60	15 337.08	85 368.67	25 349.19	0.403	1.00	25.17
山西省	41 031.97	10.52	0.94	18 918.65	22 113.32	2 604.84	0.06	1.00	6.35
河南省	90 253.10	10.65	0.97	22 018.78	68 234.32	26 759.48	0.29	1.00	29.65
安徽省	58 032.35	14.47	1.38	11 968.25	46 064.10	7 009.43	0.17	1.00	12.08
湖北省	56 829.21	9.84	1.09	26 649.84	30 179.37	6 845.94	0.13	1.00	12.05

续表

单位	装备费（万元）	装备费占总收入（%）	人均（万元）	年初预算（万元）	年中追加（万元）	其中			
						赃款返还（万元）	赃款返还人均（万元）	有赃款返还单位个数（个）	赃款返还占装备费（%）
江西省	29 714.09	8.00	0.86	10 559.32	19 154.77	6 574.05	0.19	1.00	22.12
湖南省	38 161.89	6.60	0.77	11 672.08	26 489.81	9 811.26	0.20	1.00	25.71
中部小计	533 979.64	11.07	1.16	152 239.94	381 739.70	108 737.45	0.24	10	20.36
内蒙古自治区	45 040.08	13.49	1.32	9 770.28	35 269.80	3 569.90	0.10	1.00	7.93
陕西省	29 034.71	8.74	0.82	20 593.68	8 441.02	1 296.76	0.04	1.00	4.47
宁夏回族自治区	15 202.09	15.15	1.63	3 298.93	11 903.16	308.42	0.03	1.00	2.03
云南省	62 574.52	14.18	1.45	18 668.17	43 906.35	4 292.45	0.10	1.00	6.86
贵州省	26 538.21	9.61	0.91	5 265.67	21 272.54	2 512.97	0.09	1.00	9.47
四川省	67 362.74	10.58	1.05	20 418.79	46 943.95	5 540.34	0.09	1.00	8.22
重庆市	24 363.45	10.35	1.14	10 568.20	13 795.25	1 018.80	0.05	1.00	4.18
甘肃省	25 587.12	11.81	0.95	13 429.65	12 157.47	1 129.27	0.04	1.00	4.41
广西壮族自治区	48 016.42	13.42	1.38	16 283.92	31 732.49	4 308.92	0.12	1.00	8.97
西藏自治区	2 939.25	2.82	0.29	831.71	2 107.54	—	0.00	0.00	0.00
新疆维吾尔自治区	38 852.82	14.28	1.40	8 418.31	30 434.51	1 352.64	0.05	1.00	3.48
青海省	26 906.31	23.73	2.76	894.91	26 011.40	19.00	0.00	1.00	0.07
新疆生产建设兵团	1 526.14	3.99	0.32	1 168.93	357.21	55.15	0.01	1.00	3.61
西部小计	413 943.85	11.97	1.18	129 611.16	284 332.69	25 404.62	0.07	12	6.14
总　计	1 429 967.22	10.38	1.18	500 574.30	929 392.92	182 087.05	0.15	28	12.73

数据来源：根据 2006 ~ 2010 年最高人民检察院财务决算报表整理。

二、“十二五”及今后时期深化检察保障体制改革的总体思路、目标任务、基本原则、方案选择

（一）总体思路

总结检察机关近年来检察保障取得的成绩与不足，根据当前的形势任务和发展要求，我们建议，“十二五”及今后时期深化检察保障体制改革的总体思路概括为：高举中国特色社会主义伟大旗帜，以邓小平理论和“三个代表”重要思想为指导，深入贯彻落实科学发展观，以推进检察经费保障体制改革为主线，以提升保障力为核心，以体制、机制创新为重点，优化检察保障资源配置，努力建立与国家公共财政均等化保障相适应的中国特色社会主义检察保障体系，为检察事业科学发展提供有力支撑。准确把握这一总体思路，需要把握以下基本要求。

（1）坚持以中国特色社会主义检察理论体系为指导。检察保障体制是中国特色社会主义检察制度的重要组成部分，深化检察保障体制改革应立足于中国特色社会主义检察制度的自我完善和发展，保持正确的改革方向。

（2）坚持以推进检察经费保障体制改革为主线。曹建明检察长指出，“在整个保障建设中，经费保障是核心”。根据这一要求，应把推进检察经费保障体制改革作为“十二五”及今后时期深化检察保障体制改革的主要任务，着力围绕检察经费供给、分配、使用和管理，完善体制、机制，以此推进检察保障的全面建设。

（3）坚持以提升保障力为核心。深化检察保障体制改革，应当着力解决现行保障体制下存在的保障不力、保障不到位等突出问题，

切实提升保障力。要提升对执法办案的保障力度，为检察机关全面履行法律监督职能和严格公正文明廉洁执法提供有力保障。要提升对检察人员的保障力度，为检察人员履行职责提供良好的职业保障和执法条件，特别是针对基层和经济欠发达地区检察机关保障困难、人才短缺的实际，建立相关保障制度，确保检察人才均衡分布，促进检察事业协调发展。

(4) 坚持以体制、机制创新为重点。深化检察保障体制改革的重要任务是，破解检察保障体制性障碍、机制性困扰，既注重体制创新，解决好检察保障的基础性、深层次矛盾和问题，又适应体制运行需要，建立健全工作机制。应当实现体制与机制互相衔接，为检察保障提供制度保证。

(二) 目标任务

我们认为，“十二五”及今后时期深化检察保障体制改革的总体目标是：基本建立与国家公共财政均等化保障相适应的中国特色社会主义检察保障体系。提出这一总体目标，主要基于以下几方面的要求。

(1) 与检察机关的宪法职能定位相适应。宪法规定国家维护社会主义法制的统一和尊严；同时宪法规定人民检察院是国家的法律监督机关，依照法律规定独立行使检察权。检察机关法律监督在维护国家法律统一正确实施中肩负重大职责。最高人民检察院指出新时期检察工作的根本目标是“一个保障、四个维护”，即保障经济社会又好又快发展、维护社会和谐稳定、维护社会公平正义、维护人民权益、维护社会主义法制的统一尊严权威。强化法律监督保障国家法律统一正确实施的重大任务，客观要求检察工作所产生的经济、社会和法律效果都是全国性的，不是地域性的，客观要求各级检察机关人财物保障在全国范围内具有相对均衡性和稳定性，保证检察机关的职能得以充分发挥。

（2）与国家公共财政均等化保障的现代管理要求相适应。从现代公共财政基础理论看，检察权等司法事权属中央政府提供的全国性公共产品服务，提供者也应当为中央政府。不应当让中央事权的保障由地方提供，避免因地方财力差异导致保障不均衡，避免因保障受制于地方而产生地方保护主义等问题，影响中央事权在全国范围内的统一行使。这就要求检察保障要与时俱进，应当与公共财政投资管理体系改革相匹配，应当在人财物方面实行国家公共财政均等化统一保障。

（3）与深化司法体制改革相适应。党的“十七大”报告明确提出，要推进司法体制改革，建设公正高效权威的社会主义司法制度。2008 年以来，中央部署了新一轮司法体制和工作机制改革，其中改革司法保障体制是四项重大改革内容之一。当前，新一轮司法体制机制改革已进入克难攻坚阶段。检察机关紧跟深化司法体制改革的改革进程，积极推动检察保障体系改革，努力破解检察保障的体制性障碍、机制性困扰。

实现这一总体目标，要努力完成以下 5 项任务。

（1）建立以基层检察人员工资、津贴、医疗均等化保障为基点的优检保障体系。周永康同志在全国政法工作会议上指出，要完善与政法干警职业特点相适应的职业保障制度。建立与检察干警职业特点相适应的职业保障制度，应当以实现基层检察人员工资、津贴、医疗均等化保障为基点展开。按照鼓励检察人员扎根基层、到艰苦边远地区工作的政策原则，制定基层检察人员工资、津贴、医疗保障标准，在此基础上构建优检保障体系。

（2）建立以强化法律监督职能为基点的公用经费、业务装备经费、基础设施建设经费保障体系。公用经费、业务装备经费、基础设施建设经费保障都是为了满足法律监督工作需要。应当按照供求均衡的原则，围绕法律监督职能需求，综合办案（业务）工作量、运行成本、技术要求等，合理确定分配因素，建立种类齐全、分配科学、正常增长的公用经费、业务装备经费、基础设施建设经费保障标准体系、增长机制及其运行机制。

（3）建立以提高执法公信力为基点的检察信息化保障体系。检察信息化的最终目的是为了提高执法公信力。应当通过推进检察业务科技建设、综合办公科技建设、基础信息网络类建设、检验鉴定类科技建设、检务保障信息化建设，将执法公信力要求注入检察信息化保障的各个环节。

（4）建立以提高执行力为基点的检察保障管理体系。曹建明检察长指出，“越是对检察经费投入增大，越要加强经费的管理和监督”。实行国家公共财政均等化保障检察经费体制后，应着力围绕提高经费保障政策的执行力，建立真正的“收支两条线”财政管理体制，建立符合检察经费特点的财务核算体系和检察经费保障监督管理和科学考评机制，努力实现资金使用效益最大化。

（5）建立以推进“五化”建设为基点的项目实施机制体系。围绕推进保障制度化、装备现代化、建设规范化、管理科学化、队伍专业化，将改革的战略思想方案化、方案谋划项目化、项目实施具体化，使深化检察保障体制改革成为可操作的项目，有序推进，顺利完成目标任务。

（三）基本原则

我们认为，推进"十二五"及今后时期各项检察保障体制改革任务，应当坚持以下四个原则。

（1）必须从国情出发。检察保障体制改革，既要有利于保障和促进中国特色社会主义检察事业全面发展，又要坚持量力而行；既要适应检察业务工作规范化、队伍专业化、保障现代化要求，又要贯彻"厉行节约、勤俭办一切事业"的方针；既要与时俱进，改革创新，又要实事求是，稳步推进。

（2）必须立足于资源优化配置。对检察机关的经费、装备设施、信息技术等各类检务保障资源，应当按照优化配置的原则，进行有机组合，最大限度减少检务保障资源浪费，提高资源的使用效率，实现检务保障的经济效果、法律效果和社会效果的最大化。

（3）必须有利于公正司法。检验保障体制改革成效的根本标准在于适应人民群众新要求、新期待，实现司法公正和社会公平正义。应当把保障和维护人民群众最关心、最直接、最现实的利益问题作为改革的根本出发点、落脚点，从人民群众日益增长的司法需求入手，研究制约履行法律监督职能、实现司法公正、维护社会公平正义的传统保障体制、机制的弊端及根源，探索总结增强法律监督能力保障方面的新经验、新方法，建立有利于实现司法公正和社会公平正义的新型司法保障体制机制。

（4）必须与组织、人事、财政体制改革相衔接。检察保障体制改革既是组织、人事、财政体制改革的有机组成部分，又同司法体制改革密不可分，且具有自身的特点。检察保障体制改革的目标、任务、内容及其相关政策的调整，既要与党政领导干部选拔任用条例、公务员法、预算法等相衔接，又要体现检察官法等管理规范的要求；既要适应组织、人事、财政体制改革的新目标、新要求，又要体现政法检察保障体制改革的新特点、新发展；既要同组织、人事、财政体制机制改革相匹配，使组织、人事、财政部门在检察保障体制机制的调控主导作用更为充分，又能发挥检察机关在保障方面的高效组织、管理、监督作用。

（四）方案选择

通过调研论证，我们提出两种有代表性的改革实施方案。

方案1：纳入中央财政预算，实行国家统一保障。主要内容是：全国检察机关的人员、公用、装备及设施建设经费全部纳入中央财政预算，实行国家统一保障。根据预算法的规定，政法领导机关、最高人民检察院作为中央的部门预算单位，负责对其所属的全国政法机关、各级人民检察院及专门检察院的年度预算及调整、决算提出编制草案，通过财政部提请国务院核准，并由国务院提交全国人大审查批准；政法领导机关、最高人民检察院会同财政部按照审查批准的预算、决算组织执行、管理和实行财务管理及内部审计监督；财政部、审计署及驻各省、自治区、直辖市专员办负责财务监督、审计监督。绝大多数基层人大代表、政协委员、党政领导、社会各界及基层群众的意见，赞成采取这一改革方案。

方案2：实行中央与省两级预算分担，省级统一保障。主要内容是：全国检察机关的人员、装备及设施建设经费纳入中央财政预算并转移支付给各省，公用经费由省级预算统一安排，形成国家统一保障的过渡体制。根据预算法的规定，省级政府的预算由中央转移支付及专款补助、地方收入构成。各省、自治区、直辖市的政法领导机关、省人民检察院作为省级的部门预算单位，负责对其所属的全省政法机关、各级人民检察院及专门检察院的年度预算及调整、决算提出编制草案并向最高人民检察院备案审查，通过财政厅（局）提请省级政府核准，并由省级政府提交省人大审查批准；省级政法领导机关、省人民检察院会同财政厅（局）按照审查批准的预算、决算组织执行、管理和实行财务管理和内部审计监督；财政厅（局）、审计厅（局）负责财务监督、审计监督。

三、“十二五”及今后时期深化检察保障体制改革需要处理的重大关系

曹建明检察长强调，科学谋划好“十二五”及今后时期的检察工作，要坚持把统筹兼顾作为根本方法。我们认为，“十二五”及今后时期深化检察保障体制改革，应当贯彻这一要求，正确处理好以下8个重大关系。

（一）正确处理检察保障与经济社会发展的关系

检察保障水平直接影响检察机关的法律监督能力与水平，进而影响到检察机关服务经济社会发展的水平；经济社会的快速发展，也为加强和改进检察保障工作创造了良好条件。我们认为，应当从服务经济社会发展的全局，谋划检察保障工作的发展，将检察保障的重大项目建设纳入国民经济发展规划，着力解决检察保障水平与经济社会发展水平不相适应的问题，并建立正常增长机制；同时，应当通过深化检察保障体制改革，完善体制与机制，使检察保障与检察机关日趋繁重的法律监督工作任务相适应，服务经济社会快速

发展。

（二）正确处理检察保障体系与公共财政投资管理体系的关系

检察保障体系应当纳入公共财政投资管理体系，适应公共财政投资管理体系的各项管理要求。同时，要建立健全适应检察工作科学发展的检察保障制度、机制、管理、监督体系。要落实年度预算、年终结算制度，对每年度的检察经费需求进行合理计划，对预算实施情况进行总体评估。要重视项目建设，通过项目实施推动各项经费落实到位并保障专款专用。要服从管理，遵守公共财政投资管理体系的管理要求，自觉接受管理和监督；对违纪违规行为，严格按照公共财政管理体系有关制度规定进行责任追究。

（三）正确处理检察保障体制改革与其他政法保障体制改革的关系

检察保障体制改革是司法保障体制改革的有机组成部分，但又具有自身鲜明特点。检察保障体制改革的目标、任务、内容及相关政策的调整，必须与司法保障体制改革相衔接、相统一；检察保障体制改革又必须充分彰显检察职业的特殊性，从而有别于其他政法部门保障体制改革。应按照中央有关司法保障体制改革的总体要求，突出检察职业的特殊性，对检察保障体制进行准确定位，科学部署推进检察保障体制改革的各项工作。统筹考虑政法机关的执法保障特点，使检察保障体制改革与其他政法保障体制改革有机衔接，既注重满足执法需求，又注重共建共享。

（四）正确处理长远规划与分步实施的关系

长远规划是对检察保障体制改革进行的整体性、长期性的考量和设计，是检察保障体制改革的目标指南和行动纲领。分步实施则是在长远规划的总体框架下，结合检察工作和经济社会发展实际，所采取的使长远规划确定的目标得以实现的必要步骤、措施。只有将长远规划与分步实施有机结合，才能使检察保障体制改革积极稳妥地推进。“十二五”及今后时期，要准确把握保障体制改革形势与任务，着眼长远，统筹兼顾，科学规划保障体制改革工作；又应当按照“立足实际，适度超前，分步实施”的原则，有条不紊地推进。要立足“两种思维”：无论是规划还是实施，都要立足“适应性思维”和“引领性思维”。既要立足于经济社会发展和检察工作实际进行思考和研究，又要立足于未来发展的需要，科学规划、逐步推进，避免检察保障无序发展、不平衡发展，项目建设脱离实际、盲目决策、草率上马和装备购置“重数量、轻质量”或一味追求“先进”，最终导致设备闲置、资源浪费等问题。要把握“三个度”：准确定位长远规划的角度，增强规划的前瞻性；规划时注重深度，全方位研判，全面、客观、创新、科学规划；在分步实施过程中要有力度，切实抓好规划的组织实施工作，把检察人员的智慧和力量凝聚到实现规划确定的目标上来。

（五）正确处理重点突破与整体推进的关系

深化检察保障体制改革，既要总揽全局、统筹谋划，全面推进各项工作，又要抓主要矛盾和矛盾的主要方面，突出重点，以点带面，达到纲举目张的效果。要明确重点：检察保障体制改革包括多个方面，其中有效解决影响保障水平提高、制约保障资源优化配置的体制机制问题是重点，深化检察保障体制改革就应当围绕这一重点问题来展开。要重点突破：紧紧抓住牵动全局的重点问题，系统研究、科学论证，力求在解决关键问题上取得新突破、新成效。要整体推进：坚决防止“只抓重点，忽视一般，以点概面”的错误做法，在重点突破的同时全面推进检察保障体制改革各个方面的工作。

（六）正确处理强化保障与规范管理的关系

有“管理”无“保障”，“管理”无从谈起；有“保障”无“管理”，“保障”就不能充分发挥作用，只有做到“保障”与“管理”并重，才能使检察保障建设得到真正加强并更好地服务检察工作。应当针对保障管理制度不健全、日常管理不善而造成的经费使用不节约、资源配置不合理、设备使用效率低、日常维护跟不上等突出问题，切实加大各类保障资源管控力度，提高保障资源的使用效益。要努力“开源”，不断完善保障体制，积极争取政策支持，不断加大保障投入。要真正“节流”，加强预算管理，引入成本管理、ISO 管理等方式方法，完善监管制约机制，优化资源配置，提高资源使用效率。

（七）正确处理检察保障体制创新与机制创新的关系

体制决定机制的内容，机制保障体制的实现，体制与机制是紧密联系、辩证统一的关系。深化检察保障改革，既要重视体制改革，又要关注机制创新。当前，检察保障机制创新与体制创新并不完全“合拍”。“十二五”及今后时期应当将保障体制改革与机制创新有机统一起来。要坚持体制创新与机制创新并重。保障体制机制创新应当进行统筹设计、科学规划、系统构建，既要按照最高人民检察院的总体部署，积极稳妥地推进体制创新，又要科学、及时地推进相关机制创新，为体制高效运行创造条件。要明确机制创新的要求，既鼓励在统一领导下的各地首创精神，充分调动创新的积极性、主动性，又应当符合现行政治体制和法律规定，使已有的制度、规定更加充分发挥作用。

（八）正确处理人的全面发展与检察事业科学发展的关系

人的全面发展是检察事业科学发展的基础，检察事业的科学发展又为人的全面发展提供了平台。从当前检察保障改革情况来看，无论在思想认识上，还是在体制机制上，还没有真正体现出服务人的全面发展的重要性。在深化检察保障改革过程中，应当把服务人的全面发展摆在更加突出的位置。应围绕满足人的全面发展需求，改革现行检察保障运行模式，切实解决检察人员待遇受区域经济发展制约等问题，体现中央“两个鼓励”的保障政策要求，保证检察人才均衡分布，促进法律监督工作平衡发展。应不断优化人的全面发展所必需的环境，建立健全人才引进和激励机制，保障基层和欠发达地区检察人才“进得来”“留得住”；创优育人环境，加大教育培训经费投入，提升人员专业化水平；创优工作环境，继续加强基础设施和检察装备建设，逐步提升办公办案条件；创优用人环境，最大限度发挥人才的专业、技术优势。

四、“十二五”及今后时期深化检察保障体制改革需解决的重大问题

我们认为，正确处理好“十二五”及今后时期深化检察保障体制改革的重大关系，需要认真研究解决好以下重大问题。

（一）检察保障纳入经济社会发展规划的问题

检察保障工作，是一个长期的系统工程，必须作出长远的发展计划，必须形成系统的行动方案。《我国国民经济和社会发展“十二五”规划纲要》不仅对经济发展目标任务作出了部署，而且对社会发展中的各项任务包括加强和创新社会管理、推进社会主义政治文明建设，尤其是对全面推进法制建设和加强反腐倡廉建设等作出了全面部署；中央也就改革司法保障体制问题明确提出，要将政法机关的基础设施、装备建设纳入国民经济发展规划，保障政法机关的装备等基本建设。我们认为，检察保障规划编制工作应突出“检察保障体制改革”这个重点，正确处理近期建设和远景发展的要求，注重与司法保障体制改革和财政投资体制相适应，与不同阶段的国情和检察工作新形势相适应，全国一盘棋，高检院统一安排部署、统一保障标准、统一谋篇布局。因此，要认真倾听基层检察院和检察干警的建议，主动征求编制、组织人事、发改委、财政等部门的意见，使规划编制过程更民主，编制内容更科学；要积极争取各级党委政府把检察保障列入重要议事日程，全额编制检察经费年度保障预算，保证检察经费保障增幅与国家财力增长同步，并将“两房”建设、检察官学院建设、信息化建设、派驻检察室建设等重大项目建设纳入经济社会发展总体规划，统筹安排。我们建议，将“十二五”检察保障规划分为前期规划（2011~2013年）和后期规划（2014~2015年）。前期规划的主要任务是：（1）制定和完善相对均等化的人员经费保障标准和公用经费保障标准、检察装备保障标准和基础设施建设标准；（2）积极协调中央和省级编制、组织人事、发改委、财政等部门，在分配检察专项编制和转移支付资金时向重点地区倾斜，向基层一线倾斜；（3）把检察教育培训经费列入检察经费总体预算；（4）健全检察机关内部财务管理办法；（5）建立检察保障基础数据库。后期规划的主要任务是：（1）国家均等化保障理论逐步成熟，建立与国家公共财政均等化保障相适应的中国特色社会主义检察保障体系形成领导决策并付诸实施；（2）检察保障体制成为独立的保障门类，并建立起完整的检察保障理论体系和制度体系；（3）全系统的信息化建设、"两房"等基础设施建设基本完成，债务全部化解。

（二）检察保障体制定位问题

近年来，各级检察机关一直在对检察保障体制建设进行不懈的探索。由于对检察保障体制的定位存在偏差，导致改革步伐缓慢。对检察保障体制的定位已经是一道绕不开的关口，是必须加以深入研究的重要课题之一。检察保障体制是以国家为主体，依据法律规定，通过国民收入的再分配，保障检察机关在履行法律赋予的职责过程中的物质需要的方法和手段。着眼长远，应建立国家统一保障政法检察经费的体制。这一体制可以从以下几方面进行定位：从贯彻原则看，应当体现中央事权与财权相一致；从制定依据看，应当符合宪法及组织法、选举法、公务员法、法官法、检察官法等法律规定；从制度安排看，应当与经济社会发展相适应，与国家财力增长相协调；从实施方式看，应当由中央（或中央与省共同负担）提供人员、公用、装备及设施建设经费统一保障与管理；从落实效果看，应当不受东中西部地区经济社会发展与财力增长状况制约，为履行政法检察职能所需，有利于维护国家宪法、法律统一正确实施。

（三）检察保障标准化建设问题

通过建立基础保障标准、工作规范标准，增强制度的可操作性、可执行性，科学确定检察保障目标，提高检察保障效能。(1) 建立与公务员法相衔接、体现检察官法规范管理要求的人员工资、津补贴、待遇保障标准体系。针对政法检察人员工资、津补贴、待遇偏低方面存在的突出问题，建议在公务员法的总体框架内，建立与公务员法、检察官法等相衔接的，体现其规范管理要求的检察人员工资、津补贴、待遇标准体系。(2) 建立检察公用经费保障标准体系。针对公用经费保障方面存在的突出问题，建议以1992年财政部、最高人民检察院制定的《检察业务开支范围》和2006年财政部、最高人民检察院制定的《县级人民检察院公用经费保障标准》为依据，对公用经费保障体系进行设计。(3) 建立统一的检察装备配备标准体系。针对装备设施建设方面存在的突出问题，在健全完善《县级人民检察院基本业务装备配备指导标准（试行)》的基础上，建立省级和市州分级检察院装备配备标准及实施方案。(4) 建立检察基础设施标准体系。针对政法检察基础设施投入不足的实际状况，“两房”设施建设计划尚未完成，根据发改委《关于进一步加强地方政法基础设施建设规范投资保障机制的意见》，健全完善《人民检察院办案用房和专业技术用房建设标准》《国家检察官学院分院建设标准》，出台相关配套措施。(5) 建立统一的财务管理标准体系。健全完善《人民检察院财务管理暂行办法》和《检察业务开支范围》，为加强、规范财务管理提供政策依据。(6) 建立统一的涉案款物管理标准体系。认真总结各地检察机关在扣押、冻结、处理涉案款物中的良好经验，制定统一的管理标准，建立统一的工作模式。

（四）检察保障管理科学化建设问题

检察保障管理是检察管理的重要组成部分，必须加强管理科学化建设，向管理要效率、要质量、要战斗力。（1）加强检察保障制度建设。检察保障体制改革是一项系统工程，必须要有相应的配套制度建设匹配。要完善与检察保障体制改革相适应的预算编制制度，充分发挥预算的成本控制和效益导向作用，加强预算的执行力度；完善与检察保障体制改革相适应的检务保障体系，使其更具有可行性和可操作性；完善与检察保障体制改革相适应的规范管理制度，加强保障管理。（2）加强检察保障规范化建设。对前述6类标准体系的运行、监管作出配套规定，确保检察保障运行规范、监管有力。（3）加强信息化建设。加快计划财务装备信息系统建设，建立健全装备和资产管理系统，加强财务和资产数据的运用。（4）加强检察保障的科学评价。检察保障体制改革方案的评价可以从以下6个方面考虑：①是否在对现有的“分类负担”保障体制的运行状况进行了深入的调研和分析的基础上，对改革的必然性进行充分的论证；②是否开展了对国情、法律规定和检察工作发展实际的分析，对改革的可行性进行论证；③是否仔细叙述了用来解释改革的观点、程序理论依据，使改革的理论基础清楚雄厚；④是否考虑了改革的各项配套措施的落实；⑤是否细致考虑到了改革中可能出现的利害冲突，使各方利害的冲突不致影响改革的过程与结果，或者是对改革过程中，可能影响改革进程的各种因素应预加注意并得到控制；⑥改革的路径、阶段是否有清晰的规划和设计。检察保障体制改革的效果评价可以从以下5个方面考虑：①是否有利于人的全面发展；②在检察保障模式上，是否实现了根本性转变；③各级、各地检察机关的检务保障水平是否基本满足了日益繁重的工作需要；④检察机关在履行宪法和法律赋予的职责、服务经济社会科学发展方面，是否有新的跨越；⑤社会各界是否对改革成果普遍接受。

（五）检察保障资源配置问题

深化检察保障体制改革，应立足于检察工作一体化的格局，紧密结合检察工作实际，自觉遵循科学管理规律，大胆运用经济管理和商业运作领域的先进理论，对各类检务保障资源要素进行有机组合和合理配置，最大限度提高资源的使用效率。我们认为，可以从4个方面进行优化：（1）省级检察院统一管理和配置检察保障资源，提高检务保障的统一性、可靠性和灵活性。（2）以效率高、耗费少为原则，合理确定各级检察院保障资源配置标准体系。（3）强化基层院之间、上下级院之间、院内设机构之间的资源共享机制，提升资源使用效率。（4）研究建立适合检察保障资源的配置模型，引进前沿管理理论，使检察保障资源的配置更加优化。同时，还应重点针对人力保障资源、经费保障资源和装备保障资源、设施保障资源4个方面，加强以下3项流转机制建设：①以“健全、盘活、激励、稳定”为基本原则的人力资源流转机制，建设一支素质过硬的计财装备基本队伍。②以“科学规划、规范控制”为基本原则的资金资源流转机制，把握资金流转的关键控制点，建立健全严格的内部控制程序。③以“节俭高效”为基本原则的装备资源流转机制，加强成本控制、分级管理、分级维护、共建共享，形成规范有序的装备管理、流转制度，实现检察装备使用效益的最大化。

（六）检察保障能力建设问题

必须站在新的起点上，着眼于检察工作发展任务重、强度高、节奏快的现实需求，进一步提高计划财务装备队伍的综合保障能力。（1）加强机构建设。各级检察院原则上均应建立计划财务装备工作专门机构，暂不具备条件的要配备专职会计和出纳人员；市级以上检察院必须设立计划财务机构，省级检察院计划财务装备机构做到名称统一、职能统一。（2）加强思想作风建设。牢固树立“为检察业务服务、为基层服务、为检察干警服务”的意识，爱岗敬业、干事创业，始终保持艰苦奋斗的作风，勤俭节约、精打细算，严格执行廉洁从检的各项纪律规定，认真执行财经纪律，坚持原则，秉公用权，严格教育，严格管理，严格监督。（3）加强素质能力建设。加强业务培训和实践锻炼，改善知识结构，不断提高协调沟通能力、改革创新能力、管理服务能力和解决实际问题能力。（4）加强专业化建设。按照分类管理的要求，积极探索计划财务装备干部的专门化管理机制，优化队伍结构，加大人才引进和内部调配力度，多渠道引进专门人才，大力培养既懂检察、又懂保障，既懂信息技术、又有良好知识结构、富于创新精神的复合型保障人才，不断提高队伍专业化水平。

（七）检察保障的理论构建问题

检察保障理论与应用研究是检察理论体系的一个分支，但长期以来对其重视关注不够、深入研究不够。这对于我国检察保障体制的改革，存在着不利的影响。我们认为，检察保障的理论体系可以围绕检察保障概论、检察保障资源配置、检察保障运行模式及运行机制、现行检察保障重要文件政策的解读及评估、检察保障存在的主要问题及对策分析、检察保障体制改革研究等主要方面构建，同时建立检察保障国际交流机制，汲取其他国家和地区的先进理论和经验，促进我国检察保障研究的深入。

五、“十二五”及今后时期深化检察保障体制改革应当推进的重大项目

应当把“十二五”及今后时期深化检察保障体制改革需要解决的重大问题项目化，通过未来一定时期的认真落实，推动改革目标任务的完成。我们经认真论证，认为围绕保障制度化、装备现代化、建设规范化、管理科学化、队伍专业化等“五化”要求，设计了“十二五”及今后时期应当着力推进的20个重点项目，预计总投入281.72亿元（不含第1、18、19三个项目的资金预算），平均每年投入56.34亿元。

（一）“保障制度化”相关项目（4个）

（1）建立与经济社会发展相适应的经费正常增长机制。调增检察经费在国家财政收入中的比重；调增检察经费在国家政法经费总投入中的比例；建立经费正常增长评估、反馈机制。

（2）健全完善检察公用经费保障标准体系。以建立均等化人员经费、公用经费保障标准体系为目标，对现有的人员经费、公用经费保障标准进行全面系统修订，形成覆盖全国、上下统一、中央与省两级提供保障、最高人民检察院与省级检察院协同同级组织人事、财政部门监管的、具有中国特色的检察人员经费和公用经费保障模式。

（3）建立中央与省级财政预算分担检察经费保障的配套机制。理顺中央与地方国民收入初次分配关系，确定经费保障基数及其在

财政预算中的比例，使之与经费保障体制运行相适应。

（4）加强中国特色社会主义检察保障理论研究。主要围绕检察保障概论、检察保障资源配置、检察保障运行模式及运行机制、现行检察保障重要文件政策的解读及评估、检察保障存在的主要问题及对策分析、检察保障体制改革研究等展开研究。

（二）“装备现代化”相关项目（5个）

（5）完善检察装备配备标准体系。完善县级检察机关装备配备标准；制定省市两级检察机关装备配备标准；制定政法机关之间以及检察机关之间共享共用装备配备标准。

（6）推进检察业务类科技建设（共28个子项目）。完善办案区同步录音录像及侦查指挥系统；在省级院及能覆盖周边地区的有区域代表性的市级院建设移动侦查指挥系统；建立检察业务查询咨询受理系统；每个办案组配备必要的侦查取证装备；建立数字化检委会系统；每个办案组配备必要的办案所需装备；建设证据展示分析系统；统一电子检务应用系统检察业务子系统（含14个子系统）及检察业务数据库软件建设；外部信息共享交换系统（含5个子系统）及数据库软件建设。

（7）推进综合办公类科技建设（共4个子项目）。建设电子档案系统、保密系统、高清视频系统、检察工作信息资源数据库。

（8）推进基础信息网络类建设（共5个子项目）。建设检察专线网、网络机房、统一电子检务应用系统数据中心及应用中心平台、网络管理系统、运行维护系统。

（9）推进检验鉴定类科技建设项目（共6个子项目）。适应强化法律监督和检察工作新任务的需要，按照标准化、规范化、专业化的要求，高标定位，合理布局，加快电子证据检验鉴定、心理测试、司法会计检验鉴定、法医检验鉴定、文件检验鉴定、信息化应用等6个实验室的建设、评估、验收、授权工作，形成以最高人民检察院为龙头，以省级检察院、省会城市、计划单列市为主体，覆盖市县两级检察机关的检验鉴定新格局。

（三）“建设规范化”相关项目（5个）

（10）完善基础设施建设标准体系。完善现行“两房”建设标准；制定市（地）级检察教育培训中心建设标准；制定重点乡镇检察室建设标准。

（11）进一步加强“两房”建设。全面完成“两房”建设及其改扩建设任务；将全国检察机关“两房”建设历史债务纳入当地政府还款计划统筹化解。

（12）加强和规范乡镇检察室建设。每个县（市）院设立2～3个乡镇检察室，全国设立约5 000个乡镇检察室。

（13）推进国家检察官学院分院和“智能校园”建设。完成9个已正式批复成立、21个经批准正在筹建的国家检察官学院分院建设，以及上述30个分院“智能校园”建设。

（14）建立新建基础设施会审机制。建立新建基础设施省级院和省级发改委共同审查制度，防止重复建设、超标建设。

（四）“管理科学化”相关项目（3个）

（15）建立真正的“收支两条线”管理机制。改革现有“收支两条线”管理体系及管理办法，实行将赃款赃物上缴省级财政纳入预算统一管理，由省级财政按照均等化保障体制及运行模式统筹转移支付市县两级院经费的保障来源，真正实现罚没收入与保障来源脱钩，从基础性制度安排层面真正杜绝坐收坐支、明脱暗挂、挪用罚没款物等违纪违规行为；坚决治理和整顿装备设施建设中大手大脚、奢侈浪费的不正之风；严格执行国家规定的开支范围和标准，积极开展减支节约活动，大力推进“节约型”机关建设；建立赃款中央财政专户监管制度、转移支付调节补偿机制、赃款管理责任追究制度。

（16）加快检务保障管理信息化建设。开发应用财务管理、基础设施建设项目报备审批、国有资产管理、装备配备管理使用维护等软件，实现检务保障管理信息化、智能化、科学化。

（17）建立经费保障监督管理和科学考评机制。全面推行重大装备、设施建设政府采购、招投标、国库集中支付等改革举措；建立检察经费保障、支出考评制度，制定符合检察经费保障、支出特点的考评指标体系，科学考评经费使用效益，并以此作为安排检察经费的重要依据，提高资金使用效益。

（五）“队伍专业化”相关项目（3个）

（18）建立以基层检察人员工资津贴医疗基本均等化为重点的优检保障体系。建立与人员分类、职务晋升相配套的人员工资、津贴、医疗等保障制度，形成科学完善、结构合理、保障有力、管理规范的从优待检特别是基层检察人员激励机制。

（19）加强检务保障人才的引进、培养、使用。健全人才引进机制、奖惩激励机制，优化人才资源配置，提升队伍专业化水平。

（20）建立检察保障国际交流机制。采取选派计划财务装备工作骨干出国培训、学习考察、参加国际学术交流等形式，促进检察保障工作的国际交流与合作。

“十二五”及今后时期深化检察保障体制改革重大项目明细

我们认为，应当把“十二五”及今后时期深化检察保障体制改革需要解决的重大问题项目化，通过未来一定时期的认真落实，推动改革目标任务的完成。经过初步思考，围绕保障制度化、装备现代化、建设规范化、管理科学化、队伍专业化的“五化”要求，设计了“十二五”及今后时期应当着力推进的20个重点项目，预计总投入281.72亿元（不含第1、第18、第19三个项目的资金预算），平均每年需投入56.34亿元。

一、“保障制度化”相关项目（4个）

（一）建立与经济社会发展相适应的经费正常增长机制

项目功能：建立检察经费正常增长机制，使检察经费保障与检察机关法律监督工作快速发展的经费需求相适应，与其他政法部门经费保障比例结构相协调，与国家经济社会发展财政收入状况相协调。

项目内容：（1）调整检察经费在财政收入中的比重。建议将检察经费在国家财政收入中的比重从目前的0.45%提高到0.6%，使检察经费年增长幅度与国家财政收入基本相协调。(2)调增检察经费在国家政法经费总投入中的比例。建议调整检察经费在公检法司投入中的比例结构，调整增长幅度，使之与政法投入结构相协调。(3)建立经费正常增长评估、反馈机制。加强对经费支出状况的评估分析与监测，根据检察任务的加重，适时调整经费支出在财政收入中的比重与增长幅度，保障检察经费增长机制有序运行。

建立政法检察经费正常增长机制可综合考虑3项指标：

(1)国民生产总值(GDP)的增长比例。按照《中华人民共和国预算法》第29条关于各级预算收入的编制应当与国民生产总值的增长率相适应的规定，政法检察经费正常增长应与GDP的增长幅度相适应。

(2)财政经常性收入的增长比例。由于财政收入是GDP初次分配的结果，财政收入的比例是GDP增长的反映形式。2010年，我国GDP增长10.3%，财政收入达到8.3万亿元，同比增幅达21.3%。根据国家财政经常性收入的增长幅度，建立与之相适应的政法检察经费正常增长机制，是中央政府提供司法事权等公共产品服务的必然要求，是国家统一保障体制在增长机制方面的重要表现。我国多部法律关于经费正常增长机制的规定都是按照财政经常性收入作出的。如依《中华人民共和国义务教育法》第42条的规定，国务院和地方各级人民政府用于实施义务教育财政拨款的增长比例应当高于财政经常性收入的增长比例，保证按照在校学生人数平均的义务教育费用逐步增长，保证教职工工资和学生人均公用经费逐步增长。依《中华人民共和国科学技术进步法》第45条的规定，国家逐步提高科学技术经费投入的总体水平，全国研究开发经费应当占国民生产总值适当的比例，并逐步提高，同科学技术、经济社会发展相适应；全国研究开发经费占国民生产总值的具体比例，由国务院予以规定；国家财政用于科学技术的经费增长幅度，高于国家财政经常性收入的增长幅度。依《中华人民共和国文物保护法》第10条的规定，国家用于文物保护的财政拨款随着财政收入增长而增加。按照国家财政经常性收入的幅度，建立政法检察经费正常增长机制。

（3）政法检察经费实际支出的增长比例。除了根据国家经济社会建设确定增长指标之外，还必须考虑政法检察机关上一年度或阶段年度实际支出的增长幅度。同时，中央财政部门按照因素分析法方式综合考虑政法检察年度经费预算的比重及增长机制时，要根据政法检察机关职能任务调整、业务工作量的增加，执法难度增大，办案成本增加，国际司法协作增多，对信息技术与装备设施投入的依存度提高等变量要素（以下简称“变量要素”），合理确定政法检察经费在中央与省公共财政支出结构中负担的比例及其逐年增长的幅度，以建立起科学的正常增长机制。

资金预算：2010年财政收入8.3万亿元，“十一五”期间，财政收入年均增长21.3%，若以此增长比例为“十二五”期间的年均增长比例，2011~2015年财政收入将分别为10.1万亿元、12.2万亿元、14.8万亿元、18万亿元、21.8万亿元，则每年需增加检察经费投入分别为30.3亿元、73.2亿元、133.2亿元、216亿元、327亿元，5年共779.7亿元。

实施步骤：目前，检察经费在财政收入中的比重是0.45%，“十二五”期间每年调增0.03%，2015年达到0.6%。

（二）健全完善检察公用经费保障标准体系

项目功能：与检察工作需求相适应、与国家财力相协调的各层级检察机关公用经费保障标准，是决定检察保障水平的重要因素。健全完善“标准”，能有效保证办公办案工作的顺利开展。

项目内容：各省级检察机关会同省级财政部门，修订县级检察机关公用经费保障标准，提高标准，满足需要；按照划分人员、单位两条线，结合地理位置、经济社会发展状况、财力水平以及省、市级检察机关近年来实际支出水平等要素，合理测算后制定各省级院、市级院公用经费保障标准。

实施步骤：2015 年前完成各层级的公用经费保障标准。

（三）建立中央与省级财政预算分担政法经费保障的配套机制

项目功能：理顺中央与地方国民收入初次分配关系，确定经费保障基数及其在财政年度预算中的比例结构，使之与经费保障体制运行相适应。

项目内容：

（1）建立国家统一保障过渡体制的中央与省级负担政法检察经费保障的配套机制。亦应按照上述思路，理顺中央与地方国民收入初次分配关系，梳理中央与地方政法检察经费保障的现状、在国民收入再分配中的比例结构、增长状况、主要缺陷及其根源，合理确定中央与省各自承担政法检察经费（人员经费、日常公用经费、装备及设施建设费）的基数比例，按照“因素分析法”与政法检察经费增长“变量要素”，确定中央与省级财政对政法检察经费年度预算安排比重、结构及正常增长比例。

（2）建立国家统一保障的中央财政负担政法检察经费的配套机制。需要理顺中央与地方国民收入初次分配关系，梳理中央与地方政法检察经费保障的现状、在国民收入再分配中的比例结构、增长状况、主要缺陷及其根源，有针对性地调整政法检察经费在中央预算中比例结构，合理上划原由地方财政承担的政法检察经费（人员经费、日常公用经费、装备及设施建设费）的基数，按照“因素分析法”与政法检察经费增长“变量要素”，合理确定中央财政对政法检察经费年度预算安排比重结构及正常增长比例。

实施步骤：2013年前，推动建立中央与省级分担的政法检察经费体制，并建立与之相适应的财政预算分担配套机制；2020年前，推动建立国家统一保障政法检察经费体制，并建立与之相适应的中央财政负担政法检察经费配套机制。

（四）加强中国特色社会主义检察保障理论研究

项目功能：坚持以理论创新引领体制创新、机制创新，通过理论研究论证，厘清检务保障的基本运行规律和现实瓶颈障碍，为实现国家财政均等化统一保障体制奠定理论基石。

项目内容：主要围绕中国检察保障概论、检察保障资源配置、检察保障运行模式等专题开展研究。对实行均等化统一保障模式的理论基础、现实可行性进行研究论证，为实现国家财政均等化统一保障体制提供理论和现实依据。

实施步骤：2015年前基本完成理论体系构建。

二、“装备现代化”相关项目（5个）

（五）完善检察装备配备标准体系

项目功能：建立种类齐全、配备科学、供需均衡的检察机关装备配备标准体系，实现检察装备资源的优化配置。

项目内容：（1）完善县级检察机关装备配备标准。现行“标准”种类不全，标准偏低，可借鉴《公安装备配备标准》予以细化并完善。（2）制定省市两级检察机关装备配备标准。针对这一“盲区”，应会商财政部尽快出台。（3）出台政法机关之间以及检察机关之间共享共用装备配备标准。对于政法机关之间的共享共用装备建设，可坚持中央统一投资、当地党委政法委集中管理的原则；对于检察机关之间的共享共用装备建设，可坚持市级院主导、县级院共享的原则。

实施步骤：2015年前，完成制定《人民检察院基本业务装备配备指导标准》，并与其他政法机关之间协商建立有关装备的共享共用机制。

（六）检察业务类科技建设（共28个子项目）

项目功能：通过建立涵盖所有检察业务的软件模块，形成统一电子检务应用系统的检察业务子系统，实行执法信息网上录入、执法流程网上管理、执法活动网上监督、执法质量网上考核的执法办案新机制，并贯穿于检察业务的各个环节，提高办案质量和效率，规范办案管理；并通过运用这些子系统，形成子数据库，在汇集整合后即形成全国统一的检察业务数据库。

项目内容：完善办案区同步录音录像及侦查指挥系统；在省级院及能覆盖周边地区的有区域代表性的市级院建设移动侦查指挥系统；建立检察业务查询咨询受理系统；每个办案组配备必要的侦查取证装备；建立数字化检委会系统；每个办案组配备必要的办案所需装备；建设证据展示分析系统；统一电子检务应用系统检察业务子系统（含案件线索管理分析、职务犯罪侦查、审查批捕、出庭公诉、侦查监督、刑事审判监督、民事行政审判监督、行政诉讼监督检察、监所检察、控告申诉检察、预防职务犯罪、网上案件动态监管、对外联络工作、检验鉴定等）及检察业务数据库软件建设；外部信息共享交换系统（含职务犯罪侦查情报信息子系统、侦查监督信息交换共享子系统、刑事案件诉讼信息交换共享子系统、民行案件诉讼信息交换共享子系统、监管信息衔接子系统）及数据库软件建设。

资金预算：据湖北省测算，该省省级院需 478.80 万元；15 个地市级院需 2 879万元，平均每个院 118.20 万元，另有 1 106万元是“在省级院及能覆盖周边地区的有区域代表性的市级院建设移动侦查指挥系统”项目，不能平均计算，应作为每个省都应有的项目金额；114 个县级院需 13 393.60万元，平均每个院 117.49 万元。以此为依据测算，全国 32 个省级院需 1.53 亿元，353 个地市级院需 7.71 亿元，2 833个县级院需 33.28 亿元，共计 42.52 亿元。

实施步骤：2015 年前逐步建设到位。

（七）综合办公类科技建设项目（共 4 个子项目）

项目功能：建立全国检察机关综合办公类电子档案记录，促进信息资源的开发利用；建立检察公共信息查询系统，为检察工作服务。

项目内容：电子档案系统建设；保密系统建设；高清视频系统建设；检察工作信息资源数据库建设。

资金预算：据湖北省测算，该省省级院需 320 万元；15 个地市级院需 5 520万元，平均每个院 368 万元；114 个县级院需 4 746万元，平均每个院 41.63 万元。以此为依据测算，全国 32 个省级院需

1.02亿元，353个地市级院需12.99亿元，2 833个县级院需11.79亿元，共计25.80亿元。

实施步骤：2015年前逐步建设到位，2020年前建成规范、科学、现代综合科技设施。

（八）基础信息网络类建设项目（共5个子项目）

项目功能：建立符合信息化安全要求、适应信息化应用需要的机房、网络及管理、运维系统，为检察信息化工作奠定坚实物质基础。

项目内容：检察专线网建设；网络机房建设；统一电子检务应用系统数据中心及应用中心平台建设；网络管理系统建设；运行维护系统建设。

资金预算：据湖北省测算，该省省级院需736万元；15个地市级院需1 510.6万元，平均每个院100.71万元；114个县级院需4 700.8万元，平均每个院41.24万元。以此为依据测算，全国32个省级院需2.36亿元，353个地市级院需3.56亿元，2 833个县级院需11.68亿元，共计17.60亿元。

实施步骤：2015年前逐步建设到位，2020年前建成规范、科学、现代信息网络体系。

（九）检验鉴定类科技建设项目（共6个子项目）

项目功能：通过建设检验鉴定电子证据、司法会计、法医、文件等各种实验室，拓宽信息化在检察业务工作领域的应用范围，提高检察机关检验鉴定证据的能力。

项目内容：电子证据检验鉴定实验室建设；心理测试实验室建

设；司法会计检验鉴定实验室建设；法医检验鉴定实验室建设；文件检验鉴定实验室建设；信息化应用实验室建设。

资金预算：据湖北省测算，该省鼓励有条件的 9 个地市级院率先完成此项目建设，占全省地市级院的60%，需资金3 690万元，平均每个院 410 万元。以此为依据测算，全国 60% 的地市级院共 212 个，共需资金 8.69 亿元。

实施步骤：2015 年前逐步建设到位，2020 年达到全面、规范、科学化水平。

三、“建设规范化”相关项目（5 个）

（十）完善基础设施建设标准体系

项目功能：通过完善基础设施建设标准体系，确保检察机关基础设施建设规划科学，功能齐全，布局合理。

项目内容：根据检察工作发展需要，完善现行“两房”建设标准：建议增补乡镇检察室建设标准，适度提高基层检察机关的办公办案用房面积指标。为适应各层次各类别检察队伍教育培训任务的需要，在最高人民检察院会同建设部、发改委制定颁布《国家检察官学院地方分院建设标准》的基础上，建议增设地市级检察教育培训中心，制定相应的“建设标准”，并将其纳入国民经济发展规划，列入项目库管理，逐年安排实施。

实施步骤：2013 年前制定颁布《地市级检察教育培训中心建设标准》，之后启动建设工作；2015 年前修订完善“两房”建设标准。

（十一）“两房”建设

项目功能：加大“两房”建设力度，满足检察机关依法正确履行各项法律监督职能的需要。

项目内容：（1）将全国检察机关“两房”建设历史债务63.86亿元纳入当地政府还款计划，统筹安排解决；（2）未完成“两房”建设的检察机关全面完成建设任务；（3）按照“两房”建设标准，省、地市级院完成“两房”改扩建任务，并将项目纳入政府“十二五”规划，继续申请中央补助投资支持，避免形成新的负债；（4）进一步加大办案区用房、案件线索管理分析用房、人民监督员用房、信息化建设用房、控告申诉举报投诉受理接待中心用房、安防监控中心用房、侦查指挥中心用房、档案查阅用房、技术检验鉴定中心用房等九类功能缺位用房的建设。

资金预算：根据对比新、旧“两房”建设标准中“面积参考指标”、参照发改委《关于进一步加强地方政法基础设施建设规范投资保障机制的意见》中“综合造价参考标准”，经测算，全国32个省级检察院改扩建“两房”需7.44亿元，353个地市级院改扩建“两房”需20.21亿元，全国5%的检察院约160个未完成“两房”建设任务需资金11.53亿元；偿还“两房”建设历史债务63.86亿元。共计103.04亿元。

实施步骤：2012年全面完成“两房”待建任务，将所有债务纳入当地政府还款计划，做好“两房”改扩建任务项目规划和立项；2012～2015年还清所有债务，全面推进“两房”改扩建项目建设，同时，按照实际需求完成其他新增项目建设。

（十二）乡镇检察室建设

项目功能：实现检力下沉，延伸法律监督触角，妥善处理基层群众诉求，参与社会矛盾化解和社会管理创新，服务经济社会发展。

项目内容：按每个县（市）设立2~3个乡镇检察室测算，全国有2 010个县（市），需设立约5 000个乡镇检察室。每个乡镇检察室建设办公办案用房600平方米（参照《中国现代检察保障体制改革研究》中“乡镇检察室办公办案用房标准构想”）。

资金预算：建设乡镇检察室办公办案用房300万平方米（600平方米×5 000个），依据《国家发展和改革委员会关于进一步加强地方政法基础设施建设规范投资保障机制的意见》中的“基础设施建设项目工程综合造价参考标准”，按照中等价位2 300元/平方米，约需69亿元。

实施步骤：2012年前完成乡镇检察室建设项目立项、规划、设计、征地等前期准备工作；2012~2013年，完成3 000个乡镇检察室建设；2014~2015年，完成2 000个乡镇检察室建设；2020年社区检察全面推进。

（十三）国家检察官学院分院和“智能校园”建设

项目功能：推进检察教育培训硬件建设，建立功能齐全、经济实用的检察官学院分院。改革和创新检察教育培训工作，打造具有检察特色的教育培训模式，不断提升教育培训质量。

项目内容：完成9个已正式批复成立的国家检察官学院分院建设；积极启动并完成6个经批准正在筹建的国家检察官学院分院建设；实施上述15个分院“智能校园”建设。

资金预算：完成9个已正式批复成立的国家检察官学院分院建设，除前期投入外尚需投入约0.45亿元；启动并完成6个经批准正在筹建的国家检察官学院分院建设，约需投入9.6亿元（参照2010年开工建设的国家检察官学院广西分院项目投资1.6亿元）；15个国家检察官学院分院实施“智能校园”建设，约需投入4.5亿元（据湖北省院测算，建设湖北分院“智能校园”项目，需投资3 000万元）。共计需要14.55亿元。

实施步骤：2013年前基本完成9个已正式批复成立的国家检察官学院分院建设，并启动其“智能校园”建设。同时，启动6个经批准正在筹建的国家检察官学院分院建设；2015年前，全面完成所有（15个）国家检察官学院分院和“智能校园”建设；2020年全面建成现代化校园。

（十四）建立新建基础设施会审机制

项目功能：强化基础设施建设可行性分析和项目建设监管，防止重复建设、超标建设。

项目内容：（1）做好新建基础设施项目申报评估工作。各地申报时，要对原建与新建基础设施进行综合评估，按照科学规划、从严控制、专家评审，省市县三级评审的办法确定，防止相互攀比的不正之风。（2）严格规范工程建设审核报批程序。各地检察机关在向当地发改委等部门报批的同时，一律报省级院基础设施建设工程领导小组审批，实行发改委、省级院双重审核把关。（3）将检察基础设施建设纳入当地政府建设统一规划。（4）严肃建设工程纪律。严禁超过建设规定标准，严禁手续不齐全先开工建设，严禁超豪华装修。

实施步骤：2011 年建立会审机制；2012 ~ 2013 年试行会审机制，并根据试行情况进行修改完善；2014 ~ 2015 年全面推行会审机制。

四、“管理科学化”相关项目（3 个）

（十五）建立真正的“收支两条线”管理机制

项目功能：实现收入与支出彻底脱钩，真正落实“收支两条线”规定。

项目内容：（1）建立赃款中央财政专户监管制度。中央财政在各地设立赃款专户，委托商业银行代办，各地检察机关收缴的赃款直接存入该专户。（2）实行收支彻底脱钩。彻底废除部分地方存在的赃款同预算挂钩以及赃款比例分成、奖励返还等各种明脱暗挂的形式。（3）建立转移支付调节补偿机制。地方赃款收入上缴中央，由此形成的各地方财政收入的缺口由中央财政通过转移支付、专项补助予以平衡。（4）建立赃款管理责任追究制度。对截留、占用、挪用、拖欠赃款的问题，以及赃款与检察经费脱钩不彻底的问题，由上级相关职能部门进行问责和查究。

实施步骤：2015 年前逐步落实到位，2020 年前建立健全科学化、规范化管理机制。

（十六）检务保障管理信息化建设

项目功能：通过检务保障管理系列软件的开发和应用，实现检务保障管理信息化、智能化、科学化。

项目内容：开发应用“检察机关财务管理”软件；开发应用

"检察机关基础设施建设项目报备审批"软件；开发应用"检察机关装备配备、管理、使用、维护"软件；开发应用"检察机关国有资产管理"软件。

资金预算：以上四套软件的研发、认证、配套设备、推广、升级维护，各约需800万元，共计0.32亿元。

实施步骤：2011～2012年实施项目立项、系统研发、系统认证；2013年重点开展配套设备采购、系统安装、软件试运行；2014～2015年全面推广应用，后期维护升级；2020年全面提升水平。

（十七）建立经费保障监督管理和科学考评机制

项目功能：强化经费保障监督管理和科学考评，提高经费使用效益。

项目内容：（1）健全经费保障的监督管理机制。严格执行各项财务管理制度，加强对经费的收支监管，提高经费的使用效益；全面推行重大装备、设施建设政府采购、招投标、国库集中支付等改革举措；贯彻艰苦奋斗、勤俭节约的方针，大力推进"节约型"机关建设；建立健全财务审计等监督机制，提高资金监管水平。（2）建立经费保障与经费管理考评机制。制定检察机关经费保障考核办法，由上级检察机关和上级财政部门定期会审检察经费保障情况，督促落实各项经费保障政策。建立检察经费支出考评制度，制定符合检察经费支出特点的考评指标体系，科学考评经费使用效益，并以此作为安排检察经费的重要依据。

实施步骤：2011～2012年逐步建立经费保障监督管理和科学考评机制；2013～2015年全面推行相关机制。

五、“队伍专业化”相关项目

（十八）建立以基层检察人员工资津贴医疗基本均等化为基点的优检保障体系

项目功能：体现检察职业特点和规范化管理要求，提高人员经费保障水平，壮大稳定检察队伍。

项目内容：针对政法检察人员工资津贴医疗待遇偏低的突出问题，在公务员法的总体框架内，建立检察官法与公务员法相衔接的，以基层检察人员工资津贴医疗基本均等化为重点的优检保障体系。(1) 明确人员分类。按照公务员法、检察官法的相关规定，比照《国务院办公厅关于规范公安机关人民警察职务序列的意见》（国办发［2008］9号)，将检察人员职务序列分为检察官类、检察辅助人员类、综合管理类和专业技术类。(2) 规范职务晋升。检察官职务晋升按照公务员法、检察官法及其配套文件执行；建立检察辅助人员“书记官（员)”的职务等级，并明确相应的晋升办法；通过建立公务员职务级别与检察官职务等次、书记官（员）职务等次相衔接的制度，明确综合管理人员的职务晋升办法；专业技术人员的职务设置，按照其所在机关或内设机构的机构规格、职数比例以及职务层次，担任相应的检察官或书记官（员)，并确定相应的职务级别；司法警察参照公务员法、警察法及《国务院办公厅关于规范公安机关人民警察职务序列的意见》的规定执行。(3) 制定职务级别与工资津贴对应关系。制定检察官、书记官（员）等级与公务员工资级别的衔接制度，并制定“不同于一般公务员的工资、津贴和待遇标准”。(4)建立基层检察人员激励机制。按照“鼓励干警和高素质人员到基层和经济欠发达地区工作”的精神，比照军队基层干部岗位津贴标准和艰苦地区补助标准办法，建立基层检察院工作人员岗位津补贴标准和艰苦边远地区人员津补贴标准。

资金预算：以2010年我国东、中、西部地区公务员津补贴年平均37 900元为基数，按照高于一般公务员工资20%的比例计算，落实“不同于一般公务员的工资、津贴和待遇标准”，检察干警年均增加7 580元，全国24.92万名干警，此项约需年增加预算18.89亿元；参照军队基层干部岗位津贴标准和艰苦地区补助标准办法，以全国检察干警2010年津补贴平均数的2.5倍来计算，落实“基层和经济欠发达地区检察人员待遇标准”，全国基层和经济欠发达地区检察人员大约13.94万人，约需年增加预算223.32亿元，共计需要242.21亿元/年。

实施步骤：2015年前逐步推进落实，2020年前全面推进工资福利保障基本均等化。

（十九）检务保障人才引进、培养、使用

项目功能：疏通检务保障人才进口渠道，优化检务保障人才资源配置，提升队伍专业化水平。

项目内容：(1)健全人才引进机制，畅通人才引进渠道，不断壮大检务保障队伍，实际需要计财装备、信息技术专业人才28 310人（全国省级院32个、市级院353个、县级院2 833个；省、市、县级院计财装备人员配备计划8~12人、6~8人、2~5人；省、市、县级院信息技术人员配备计划6~10人、4~6人、1~3人），现有计财装备和信息技术人员20 480人（含兼职、聘用等人员），尚

需招录计财装备、信息技术专业人才7 830人；（2）优化人才资源配置，使专业人才学有所用；（3）建立奖惩激励机制，不断提高计财装备和信息技术人员的政治、物质待遇。

资金预算：招录计财装备、信息技术专业人才7 830人，约需增加人员经费支出4.18亿元/年（按2010年全国检察机关人员经费支出平均数5.34万元/人·年的标准计算）、约需增加公用经费支出4.06亿元/年（按2010年全国检察机关人员公用经费支出平均数5.19万元/人·年的标准计算）。共计需要8.24亿元/年。

实施步骤：2011年建立健全检务保障人才引进、培养、使用、奖励机制；2012~2020年逐步引进人才，满足检务保障工作的实际需求，并完成人员轮训任务。

（二十）建立检察保障国际交流机制

项目功能：增进司法工作的国际交流与合作已成为打击国际犯罪的一种有效方式，检务保障工作作为检察工作的一部分，在对外交流方面滞后于检察业务工作。通过交流，能相互了解检务保障模式与发展趋势，从而为我国检务保障体制改革创新发展提供参考。

项目内容：采取派员出国考察、参加国际（地区）研讨会等形式，促进检察保障工作的国际交流与合作。

资金预算：按人均出国费用4万元计算，每年50~100人需200万~400万元，5年共需1 000万~2 000万元。

实施步骤："十二五"期间，每年派出50~100名检务保障工作人员赴国外考察，5年共250~500人。

图1-1分析：

2006~2010年5年全国国内生产总值和财政收支情况表明：国

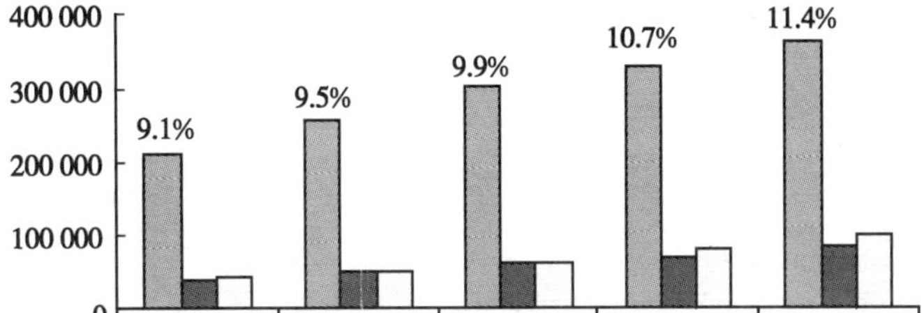

	2006年	2007年	2008年	2009年	2010年
国内生产总值	211 923.5	257 305.6	300 670	330 737	363 811
国家财政收入	38 760.2	51 321.78	61 330.35	68518	83 080
国家财政支出	40 422.73	49 781.35	62 592.66	81 536.42	98 777.84

图 1－1　2006～2010 年国家国内生产总值与财政收支一览（亿元）

内生产总值位居世界第二，财政收支增速快，增量大。

（1）国内生产总值突破了 30 万亿元大关，2010 年达到了 36.38 万亿元，总量位居世界第二，年均增长率达 14.57%。

（2）国家财力大增，增长幅度加大加快，2010 年财政收入达到 8.3 万亿元，年均增幅达 21.22%，占国民生产总值的比重为 22.84%。

（3）财政支出增幅加大，2008 年以前与财政收入的总量及增长率基本持平，2009 年后为应对金融危机，扩大内需政策明显增加了财政支出。

（4）中央财力显著增强，5 年间中央财政收入在财政总收入中的比重均超过 50%，平均比重为 53.65%。

图 1－2 分析：

2006～2010 年湖北省地区生产总值和财政收支情况表明：

（1）地区生产总值增幅加快，年均增长率达成 23.62%。

（2）财政收入增速加快，年均增长率达到 20.7%，2010 年财政收入是 2006 年财政收入的 1.96 倍，占国家财政收入的比重已达

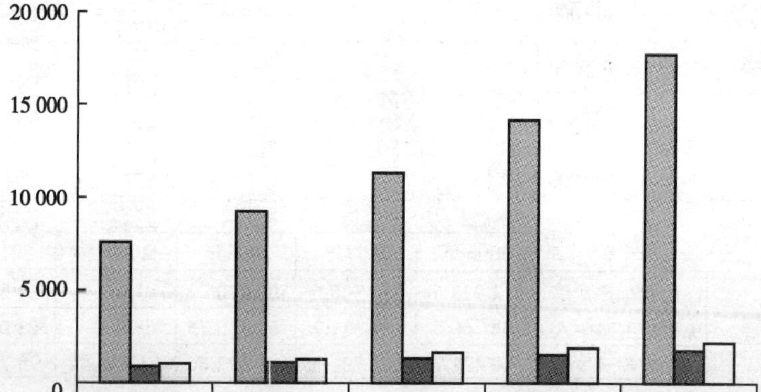

	2006年	2007年	2008年	2009年	2010年
地区生产总值	7 581.32	9 230.68	11 330.38	14 162.98	17 703.72
财政收入	901	1 115	1 339	1 532	1 762
财政支出	1 047	1 277.33	1 650.28	1 897.82	2 182.5

图 1－2　湖北省地区生产总值和财政收支一览（亿元）

到 2.12%。

（3）财政支出增幅大，年均增长率达到 20.25%，2010 年财政支出超过 2 182.5亿元，为 2006 年的 2.08 倍。

图 1－3 分析：

2006～2010 年 5 年国家财政支出结构表明，支出结构日趋科学合理，年增长率加快，但公检法司支出比例不协调，在国家财政支出中，经济建设支出、社会文教支出、国防支出年平均分别占国家财政支出的 21.22%、30.8%、6.86%。5 年同期公检法司经费支出年平均仅占国家财政支出的 6.67%，远远低于社会保障、科教文卫等方面的支出。

图 1－4 分析：

2006～2010 年湖北省财政支出结构情况表明，财政支出大幅增加，2010 年达到 2 182.5亿元，增长 20.25%，经济建设、社会文

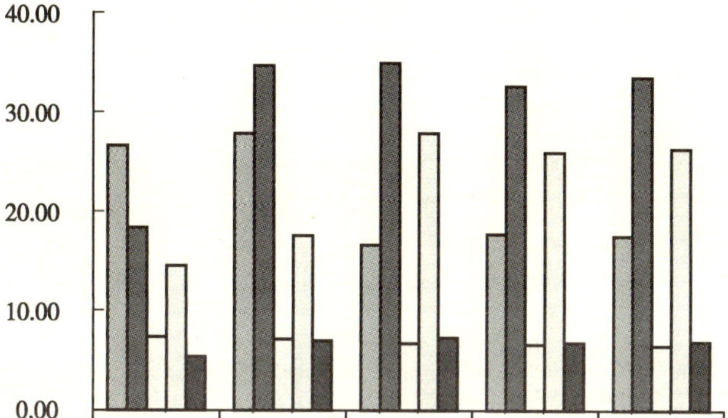

	2006年	2007年	2008年	2009年	2010年
经济建设支出	26.56	27.76	16.60	17.70	17.50
社会文教支出	18.37	34.63	34.90	32.60	33.50
国防支出	7.37	7.14	6.70	6.60	6.50
行政管理支出	14.50	17.54	27.80	25.90	26.30
公检法司支出	5.38	7.00	7.30	6.80	6.90

图 1－3　国家财政支出结构比例一览（%）

教、行政管理等支出与财政支出基本同步，分别占财政支出的 23.25%、32.91%、14.03%，公检法司支出也在稳步增长，占财政支出的比率达到 7.57%，检察支出增速不快，年均增长率低于财政支出和政法机关支出年均增长率。

图 1－5 分析：

在财政收入中，罚没收入一直被列为全省地方综合预算，占比年均为 6.98%，处以波动状态，罚没款返还支出占财政支出的比率一般为 11.99%，从公、检、法三家来看，公安最多，法院次之，检察院最少，在收支挂钩的财政管理体制下，检察经费收入和支出，都大大低于公安和法院。

图 1－6 分析：

2006～2010 年 5 年间，国家对检察机关的经费投入不断增长，

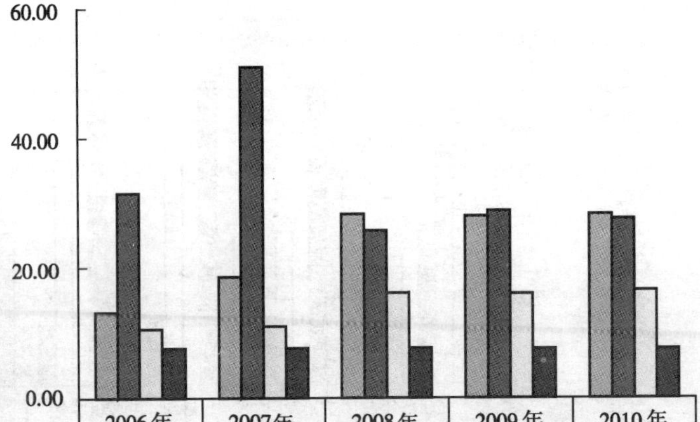

	2006年	2007年	2008年	2009年	2010年
经济建设支出	13.17	18.60	28.28	27.96	28.25
社会文教支出	31.55	50.96	25.73	28.76	27.56
行政管理支出	10.60	11.00	16.11	15.98	16.48
公检法司支出	7.64	7.60	7.61	7.52	7.50

图1－4　湖北省财政支出结构比例一览（%）

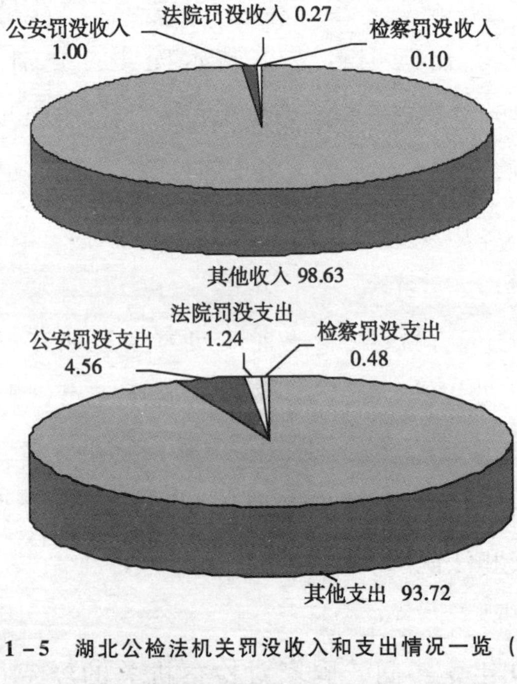

图1－5　湖北公检法机关罚没收入和支出情况一览（%）

在经费收入中罚没收入占比平均为9.74%。检察经费支出也有较大幅度增长，年均增长率达到19.01%，中央转移支付和专项补贴力度加大，年增长率达到58.25%，同时，省转移支付和专项补贴也有很大幅度增长。

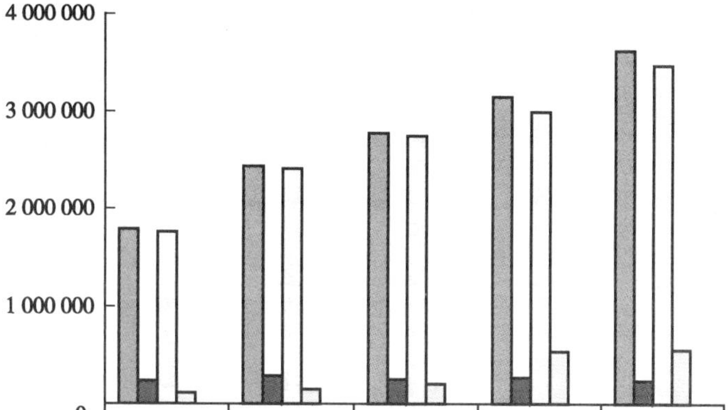

	2006年	2007年	2008年	2009年	2010年
经费收入	1 788 054	2 435 618	2 774 594	3 150 940	3 623 614
经费收入中赃款返还数	235 335.6	283 207	248 838	265 923	234 781
经费支出	1 758 074	2 410 551	2 749 096	2 994 879	34 72 084
中央转移支付和专项补贴	113 339.8	150 000	204 346.3	53 3023.7	552 199.6

图1-6 全国检察机关经费保障情况一览（万元）

图1-7分析：

2006~2010年5年间，全省在财政收入和财政支出、中央转移支付专项补贴大幅增加的前提下，全省检察经费有一定增加，经费收入和经费支出与全省财政收支的增长不相协调。财政收入年均增长18.32%，财政支出年均增长20.23%；但检察经费收入增长率年均增长16.6%，支出增长率年均增长16.63%。

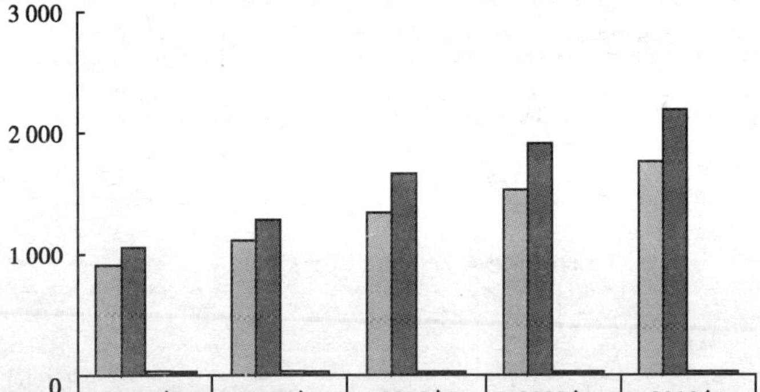

	2006年	2007年	2008年	2009年	2010年
全省财政收入	901.00	1 115.00	1 339.00	1 532.00	1 762.00
全省财政支出	1 047.00	1 277.33	1 650.28	1 897.82	2 182.50
经费收入	8.07	9.85	12.46	12.67	14.72
经费支出	8.12	9.81	12.56	12.31	14.73

图1－7　湖北省检察经费保障情况统计（亿元）

全国检察机关办案费支出和办案成本测算专题分析报告（以2009年及实施新刑诉法为例）

2009年全国检察机关办案费支出34.47亿元，占检察业务费支出的45.13%，比上年增长26.17%，比2009年全国检察机关总支出增幅9.39%高16.78个百分点。其中县级检察院办案费支出23.01亿元，占业务费支出的46.03%，比上年增长32.24%，比同年县级检察院总支出增幅11.88%高20.36个百分点。

为了解检察机关办案费支出现状，测算办案经费支出缺口，测算全国检察机关办案成本情况，我们进行了专项调研。调研采取抽样调查方式，按照经费保障情况好、中、差区分，共抽取32个省级院、93个市级院、96个县级院，通过抽样调查表、调研报告和案例分析的方式开展调研。

一、办案成本基本情况

此次调研的抽样院分别填报《全国检察机关2009年办案成本抽样调查表》，通过统计报表结果，分别测算省、市、县三级院办理8

类检察业务的办案成本情况。8类业务中既对“立案侦查贪污贿赂案件”“立案侦查渎职侵权案件”“审查逮捕案件”“审查起诉案件”“民事行政检察案件”和“控申举报案件”等项目进行调研，还首次对各基层院反映较多的“初查贪污贿赂案件”和“初查渎职侵权案件”进行调研。

最近一次检察机关办案成本调研是2004年，这里将2004年数据一并列出，作为对比值。全国检察机关2009年办案成本调查统计见表1－28。

表1－28　全国检察机关2009年办案成本调查统计表（不含港、澳、台）

级次/年度/案件类别	省级院			市级院			县级院		
	2009年	2004年	2009年	2009年	2004年	2009年	2009年	2004年	2009年
	平均办案成本（万元）	平均办案成本（万元）	与2004年相比涨幅（%）	平均办案成本（万元）	平均办案成本（万元）	与2004年相比涨幅（%）	平均办案成本（万元）	平均办案成本（万元）	与2004年相比涨幅（%）
初查贪污贿赂	10.42	—	—	3.61	—	—	1.35	—	—
立案侦查贪污贿赂	53.23	20.79	156.06	8.89	4.63	92.13	4.91	2.26	116.70
初查渎职侵权	6.79	—	—	2.96	—	—	1.67	—	—
立案侦查渎职侵权	25.66	14.64	75.26	7.37	2.54	189.52	5.58	1.5	272.90
审查逮捕	1.86	0.47	297.26	0.33	0.18	89.30	0.11	0.12	－4.46
审查起诉	0.99	0.13	664.70	0.34	0.19	81.92	0.13	0.08	58.46
民事行政	0.37	0.13	180.30	0.42	0.18	129.47	0.39	0.17	128.52
控申举报	0.07	0.07	－1.82	0.18	0.08	120.31	0.24	0.09	157.10

二、2009年检察机关办案经费支出特点

调研发现的情况、各地提供的报告和典型案例以及上表的统计结果，均显示出2009年检察机关办案经费支出呈现以下特点。

（一）立案侦查职务犯罪案件办案成本迅猛增长

随着经济、社会的不断发展，职务犯罪日趋呈现行业化、智能化、团伙化特点，窝案串案突出，各种职务犯罪手段推陈出新，隐蔽性增强，犯罪分子反侦查能力日渐提高，案件涉及的领域多、地域广，加之经济事务全球化发展，职务犯罪的战线呈现扩大化的特点，涉外职务犯罪案件层出不穷，职务犯罪侦破、取证成本逐年提高，职务犯罪案件办案成本迅猛增长。2009 年省、市、县三级立案侦查贪污贿赂案件成本依次为 53.23 万元、8.89 万元和 4.91 万元，比 2004 年上涨 156.04%、92.01% 和 117.26%。福建南平市检察院统计，2006～2008 年全市两级院立案侦查职务犯罪案件的个案成本为 2.58 万元，2009 年上升到 5.97 万元，增加 1 倍多。当前职务犯罪案件侦查活动，为了保证办案效果，加大打击力度，在“职务犯罪侦查一体化”机制下，上级交办异地交叉办案数量显著增加。为了提高办案质量，办案单位采取扩大取证范围，增加取证工作量，延长办案周期的方式，这大幅增加了办案差旅费、侦缉调查费和协助办案费。吉林省长春市检察院 2006～2008 年办理最高人民检察院和吉林省检察院交办的上海社保案，共支出办案经费 700 多万元。安徽省黄山市检察院承办的安徽省纪委交办的黟县原政协主席受贿案，办案支出达 150 多万元，其中仅技术检验鉴定费用就达 50 多万元。

（二）渎职侵权犯罪成为职务犯罪新的增长点

近年来，渎职侵权犯罪呈案发多、危害大的态势，各级检察院积极拓展案件线索渠道，进一步加大渎职侵权犯罪查办力度，2009 年省、市、县三级检察院立案侦查渎职侵权案件成本依次为 25.66

万元、7.37 万元和 5.58 万元，分别比 2004 年上涨 75.27%、190.16% 和 272%。比如河北省检察院办理的“7·14”张家口蔚县特大煤矿事故瞒报案，涉案单位 21 个、涉案人员 23 人、涉案罪名 5 个、涉案金额 674 万元，历时 2 年，共开支 318 万元。然而，查办渎职侵权案件由于缺乏查处依法贿赂案件的“名片”效应，办案子不仅不能为本院创收，还要搭经费、赔关系、得罪人，渎职侵权案件的发案领域较之其他自侦案件更为宽泛复杂，查处耗时费力，取证难、处理难，受经费保障不足的影响，各级院渎职侵权案件办案积极性不高，严重影响了检察权的有效行使。

（三）办案经费不足，检察业务工作长期处于低水平运转

由于业务（办案）经费不足，很多案件侦破停留在较浅的层次，只要嫌疑人够罪就侦查终结，很多证据不能深挖多挖，致使部分犯罪分子逍遥法外，国家财产损失不能挽回，对窝案、串案打击力度不够，很多检察机关的业务工作长期处于低水平运转。广西灵山县检察院办理邓明生等 4 人受贿一案，共开支办案费 18.95 万元，历时 5 个月基本侦查终结，但巨额办案费致使该院 2009 年第 3 季度后出现严重经费紧缺，致使该院未能采取技术手段及时查找案件主要证人，现仍有 3 名主要证人下落不明，未能到案作证，对案件诉讼顺利进行影响较大。宁夏盐池县院反贪局初查县采暖公司经理刘某涉嫌职务犯罪一案中，因无法支付锅炉鉴定费 40 万元，致使此案初查无法展开。

（四）职务犯罪案件初查阶段成案率低，办案成本巨大

此次调研中，我们首次对贪污贿赂案件和渎职侵权案件初查阶

段的办案成本进行了抽样测算。各级检察机关普遍反映，职务犯罪初查阶段人力物力投入很大，但很多案件最终未能立案，在财政部门工作量的统计中未能反映，形成隐性支出，造成检察办案经费严重不足。比如贵州省反映该省职务犯罪初查成案率仅在20%～30%。据高检院统计处数据显示，2009年职务犯罪案件初查45 570件，立案侦查32 432件，初查立案比为1.41：1。2009年省、市、县三级检察院初查贪污贿赂案件成本依次为10.42万元、3.61万元和1.35万元，初查渎职侵权案件分别是6.79万元、2.96万元和1.67万元，这一数据占到同级院立案侦查职务犯罪案件成本的20%～40%不等，成本巨大，案件数量多，不容忽视。

（五）各类检察业务办案成本全面上升

由于检察业务办案方式的不断创新，在批捕和起诉案件办理中检察权的行使不断前移，提前介入、引导侦查更为普遍，使办案差旅费、车辆油料费等支出大幅增加，法律文书制作新规定加大了法律文书制作费的开支。以审查起诉为例，市县两级检察院的办案成本分别为0.34万元和0.13万元，比2004年上升81.92%和58.46%。如河南南阳白玉岗等29人黑社会性质犯罪一案，共有被告人29人，涉及罪名6个，被告人分别被羁押于湖北与河南两省共12个看守所，案件卷宗51册，1万余页。南阳市检察院公诉处为办理该案计支出车辆燃油费、差旅费、法律文书制作费（含打印、复印、制作审查报告、起诉书、示证提纲、质证提纲、答辩提纲、公诉意见书等制版1.1万余版，印张5万余页）等共计11万元。同时民事行政案件、控申举报案件成本分别有120%～180%不等的上升。上述增长使检察业务经费总体支出增幅明显。

根据办案成本和办案量测算2009年全国检察机关办案经费需求约为64.41亿元。而2009年全国检察机关办案费支出仅34.47亿元，缺口巨大。如表1－29所示。

（六）维稳、综治任务日渐繁重，检察工作多线面增支较大

地方检察院反映，检察机关承担的维稳、综合治理的工作日益增多，一些临时突发的社会维稳事件需要检察机关迅速反应，因而除了职务犯罪案件和批捕起诉案件成本增加以外，一些不能计入办案工作量的多线面工作耗用大量经费。近几年来业务经费需求量大的还有以下几方面：（1）职务犯罪预防、社区矫正、检务公开等工作任务和经费支出增加。（2）配合党委、政府的中心任务（如综合治理等）工作量很大，相应增加支出。按照地方党委、政府确定的“信访路线图”，不管哪个部门的信访，最后都会到检察院，息访息诉、司法救助支出增加明显。（3）退补退查、复议复核、刑事和解、青少年维权（外调、回访、跟踪、帮教）、不诉听证等任务增加，大量增加支出。（4）追逃工作量大，办案成本高。近几年犯罪呈现智能化和跨地区化的特点，犯罪分子反侦查能力不断增强，追逃犯罪嫌疑人工作量大，战线长，办案期间，花费大量办案成本。贵州省黔东南黄平县院查处的一件行贿案件，涉案金额20余万元，州检察院及黄平县检察院到浙江追逃三次，开支了30余万元。（5）因监所体制改革，对“三狱两所”的执行监督由事后当地检察院监督改革为同级同步监督，既要增加编制，又要改善办公场所、购置办案装备，办案经费也大量增加。济南市院在办案成本调查中统计每办理1件监督执行监督案件需经费2万元。此外，近两年派驻乡镇检察室、巡回检察室试点以及农垦、林区、铁路检察改革，都对经费保障提出了新要求。

表 1-29　2009 年全国检察机关办案经费需求测算表（不含港、澳、台）

案件类别	合计		省级院			市级院			县级院		
	办案量合计（件）	办案费需求合计（万元）	2009 年平均办案成本（万元）	办案量（件）	办案费需求（万元）	2009 年平均办案成本（万元）	办案量（件）	办案费需求（万元）	2009 年平均办案成本（万元）	办案量（件）	办案费需求（万元）
初查贪污贿赂	33 940	56 541.92	10.42	200	2 084	3.61	3 942	14 230.6	1.35	29 798	40 227.3
立案侦查贪污贿赂	25 401	144 119.35	53.23	174	9 262.02	8.89	2 762	24 554.2	4.91	22 465	110 303
初查渎职侵权	11 630	21 391.90	6.79	33	224.07	2.96	1 396	4 132.16	1.67	10 201	17 035.7
立案侦查渎职侵权	7 031	40 952.41	25.66	21	538.86	7.37	725	5 343.25	5.58	6 285	35 070.3
审查逮捕	747 683	89 301.99	1.86	536	996.96	0.33	27 813	9 178.29	0.11	719 334	79 126.7
审查起诉	904 179	128 979.96	0.99	15	14.85	0.34	54 399	18 495.7	0.13	849 765	110 469
民事行政	67 809	27 008.21	0.37	4 805	1 777.85	0.42	21 960	9 223.2	0.39	41 044	16 007.2
控申举报	565 998	135 839.52	0.07	—	—	0.18	—	—	0.24	—	—
合计	2 363 671	644 135.26	—	—	—	—	—	—	—	—	—

职务犯罪案件审查逮捕上提一级后增加办案支出情况专题分析报告

职务犯罪侦查案件逮捕权上提一级改革后，带来了工作方式的变化，在增加人力和工作量的同时，也相应增加了办案成本。这次调研中，我们对“上提一级”后办案成本增加情况进行了专题调研，按保障情况好、中、差，共抽取 32 个省级院、93 个市级院和 96 个县级院，通过抽样调查表、调研报告和典型案例分析的形式开展调研。调研结果显示，审查逮捕程序改革后，上下两级检察院都要多花钱。下级院需要将审查逮捕意见书连同案卷材料、讯问犯罪嫌疑人录音录像资料同时上报上级院，上级院需要到下级院提讯犯罪嫌疑人、侦缉调查、制作法律文书等，县级院向市级院报捕、市级院向省级院报捕，报审两级都要增加经费支出，是“一个枪两个眼儿”。例如，永州市院统计，改革实施后侦查监督业务的工作量是往年的近 8 倍，近五年来全市县级院办理职务犯罪案件平均 125 件 170 人，改革后由市院承担，增加了提审的差旅费、市院办理后送达各县区院的经费、报省院备案的经费等支出，此项改革，预计每年将增加办案经费支出 60 万元。从全国抽样调查结果看，以贪污贿赂案件为例，县级院每向市级院提捕 1 件，县级院增加支出 1.27 万元，市级院增加支出 2.04 万元，共计 3.31 万元。同上，市级院向省级院提捕 1 件贪污贿赂案件，两级共增加支出 7.39 万元，县级院向市级院提捕 1 件渎职侵权案件，两级共增加支出 3.23 万元，市级院向省级院提捕 1 件渎职侵权案件，两级共增加支出 6.70 万元。如表1－30所示。

表 1－30 职务犯罪案件审查逮捕上提一级后增加办案成本情况统计表

（万元）

类别	项目	平均每个案件增加办案成本	平均每个案件增加办案成本的构成（合计）									
			办案差旅费	侦缉调查费	协助办案费	技术检验鉴定和翻译费	法律文书制作印刷费	办案设备购置和租赁费	赃（证）物保管费	专业补助费	特情费	其他办案费
栏次		1	2	3	4	5	6	7	8	9	10	11
贪污贿赂案件	省级院	5.35	2.05	0.88	0.39	0.15	0.13	0.75	0.02	0.31	0.17	0.49
	市级院	2.04	0.85	0.31	0.16	0.11	0.07	0.2	0.03	0.06	0.06	0.17
	县级院	1.27	0.38	0.21	0.16	0.11	0.24	0.12	0.01	0.03	0.03	0.15
渎职侵权案件	省级院	4.69	2.12	0.36	0.37	0.54	0.15	0.48	0.02	0.23	0.04	0.37
	市级院	2.01	0.78	0.31	0.17	0.13	0.07	0.23	0.03	0.06	0.05	0.19
	县级院	1.22	0.37	0.23	0.14	0.09	0.07	0.12	0.01	0.03	0.04	0.13

“上提一级”改革后，原来由县级院办理的职务犯罪案件审查逮捕需报请市级检察院办理，原来由市级检察院办理的需报请省级院逮捕，从下面的办案量统计表可以看出，2009 年 9～12 月，由于已有部分省、区、市落实了改革要求，市级院和省级院的办案量急剧上升，仅 4 个月，市级院办案 2 237件，是当年 1～8 月的 1.26 倍，省级院 4 个月的办案量330 件是前 8 个月 99 件的 3.33 倍。如表 1－31 所示。

表 1－31 职务犯罪案件审查逮捕案件办案量统计表 （件）

类别 \ 时间	2008 年案件数	2009 年案件数		
		合计	1～8 月	9～12 月
栏次	1	2	3	4
合计	15 672	15 271	11 614	3 657
贪污贿赂案件	13 964	13 700	10 432	3 268
渎职侵权案件	1 708	1 571	1 182	389
省级院	118	429	99	330
贪污贿赂案件	105	397	90	307
渎职侵权案件	13	32	9	23
市级院	2 250	4 013	1 776	2 237
贪污贿赂案件	2 014	3 632	1 602	2 030
渎职侵权案件	236	381	174	207
县级院	13 304	10 829	9 739	1 090
贪污贿赂案件	11 845	9 671	8 740	931
渎职侵权案件	1 459	1 158	999	159

以改革前的 2008 年和 2009 年 1～8 月为例：2008 年县级院办理的 13 304件审查逮捕案件将增加到市级院，市级院 2 250件案件的办案量将增加到省级院，而原来办理案件的下级院任务并未减少，2009 年 1～8 月与此情况相同。

1. 2008 年增加支出测算

县级院提请市级院办理贪污贿赂案件增加的支出：

3. 31 万元 ×11 845 件 =39 206. 95 万元

市级院提请省级院办理贪污贿赂案件增加的支出：

7. 39 万元 ×2 014 件 =14 883. 46 万元

县级院提请市级院办理渎职侵权案件增加的支出：

3. 23 万元 ×1 459 件 =4 712. 57 万元

市级院提请省级院办理渎职侵权案件增加的支出：

6.70 万元 ×236 件 =1 581.2 万元

共计 60 384.18 万元。

2. 2009 年 1 ~8 月增支测算

县级院提请市级院办理贪污贿赂案件增加的支出：

3.31 万元 ×8 740 件 =28 929.4 万元

市级院提请省级院办理贪污贿赂案件增加的支出：

7.39 万元 ×1 602 件 =11 838.78 万元

县级院提请市级院办理渎职侵权案件增加的支出：

3.23 万元 ×999 件 =3 226.77 万元

市级院提请省级院办理渎职侵权案件增加的支出：

6.70 万元 ×174 件 =1 165.8 万元

共计 45 160.75 万元。

按 2009 年全年的月均办案量与前 8 个月平均数相同估算，2009 年全年增支将达 45 160.75万元/8 ×12 = 67 741.13万元。

依 2008 ~2009 年办案量估算，职务犯罪上提一级后，全国检察机关将增支 6.04 亿和 6.77 亿，考虑到支出水平增加、办案量增加因素及 2010 年改革落实进程，这一增支必将超过 7 亿元。另外，“上提一级”后上级院可以通过检察专网进行远程视频提讯，但一些地方信息化建设情况难以达到办案要求，如进行与检察业务工作相适应的视频网络建设，检察经费将入不敷出。

地方检察院办案成本构成典型案例

一、职务犯罪案件办案成本构成

根据刑法、刑事诉讼法的规定，由人民检察院直接立案侦查贪污贿赂犯罪和渎职侵权犯罪。贪污贿赂犯罪是指《中华人民共和国刑法》分则第8章规定的贪污贿赂罪，以及其他章节明确规定按照《中华人民共和国刑法》分则第8章的规定定罪处罚的犯罪，包括贪污罪、贿赂罪、挪用公款罪、行贿罪、私分国有资产罪12个罪名；渎职犯罪是指国家机关工作人员实施的滥用职权、玩忽职守、徇私舞弊等犯罪，包括36个罪名；侵权犯罪是指国家机关工作人员利用职权实施的侵犯公民人身权利、民主权利的犯罪，包括非法拘禁罪、非法搜查罪、刑讯逼供罪、暴力取证罪、体罚虐待被监管人罪、报复陷害罪和破坏选举罪等7个罪名。检察机关办理贪污贿赂案件和渎职侵权案件的办案费用主要包括：办案人员差旅费、侦缉调查费、协助办案费、技术检验鉴定费和翻译费、法律文书制作印刷费、办案设备购置和租赁费、赃（证）物保管费、专业补助费、特情费和其他办案费等费用。

【案例1】湖北省人民检察院贪污贿赂案件办案成本构成

2009年7月，湖北省人民检察院反贪局接到武汉大学原常务副校长陈某涉嫌受贿犯罪线索，省院即组成专案组（共16人），对该案依法进行初查。本案于2009年8月29日立案侦查，2010年4月13日侦查终结并移送审查起诉，2011年2月16日由荆州市中级人民法院作出判决，认定受贿人民币134.9万元、美元1.6万元，判处有期徒刑12年。该案自2009年8月26日受理到2010年4月13日侦查终结，历时240余天，期间派员奔赴北京、广东等地进行大量外调取证工作，办案费用共计492 483元。其中：（1）办案差旅费283 700元；（2）专业补助费33 400元；（3）协助办案费50 132元；（4）法律文书制作印刷费8 779元；（5）侦缉调查费6 100元；（6）办公用品费10 045元；（7）汽油费52 474元；（8）路桥费12 431元；（9）通讯费6 015元；（10）特情费7 846元；（11）其他办案费21 561元。

【案例2】河南南阳市检察院贪污贿赂案件办案成本构成

2009年5月7日，河南省南阳市院反贪局接到原南阳市商业银行行长何某涉嫌贪污受贿犯罪线索，市院即组成专案组（共15人），对该案依法进行初查。本案于2009年6月30日立案侦查，2009年7月28日侦查终结并移送审查起诉，2009年8月6日提起公诉，2009年11月20日由南阳市中级人民法院作出判决，认定何某贪污470万元，判处有期徒刑15年。该案自2009年5月7日受理到2009年7月28日侦查终结，历时80余天，期间派员奔赴深圳、广东、河北、郑州等地进行大量外调取证工作，办案费用共计155 943元。其中：（1）办案差旅费58 000元；（2）专业补助费27 889元；（3）协助办案费6 300元；（4）法律文书制作印刷费860元；（5）侦缉调查费7 926元；（6）办公用品费4 518元；（7）汽油费8 600元；（8）路桥费3 700元；（9）通讯费4 900元；（10）特情费25 000元；

（11）其他办案费8 250元。

【案例3】河南南阳市检察院渎职侵权案件办案成本构成

2009年4月，按照河南省政法委、省检察院领导的指示，河南省南阳市检察院组成专案组，对项城及周口市司法机关在办理孔某等人共同犯罪案件中涉嫌渎职犯罪及其他相关问题开展调查。现此案已侦查终结，历时8个月。在办理此案的过程中，专案组从本院辖区内共抽调干警35名，出动警车11台，并派员奔赴安徽、重庆、江苏、甘肃等地调取证据。办案费用共计389 022.49元，其中：（1）办案差旅费88 457元（不包括周口市院承担部分）；（2）法律文书制作印刷费3 400元；（3）办案设备购置和租赁费21 200元；（4）技术检验鉴定费3 000元；（5）车辆燃油费及维修费255 797.49元；（6）路桥费17 168元。

【案例4】山东烟台市芝罘区院贪污贿赂案件办案成本构成

山东省烟台市芝罘区检察院办理孙某、王某涉嫌贪污案，此案于2008年4月立案，2009年7月侦查终结，办案时间15个月，办案费用共计131 572.28元。其中：

（1）初查阶段费用6 400元：①专业补助费400元；②其他办案费6 000元。

（2）立案侦查至侦查终结，共发生办案费用125 172.28元：①办案差旅费16 250元；②侦缉调查费20 000元；③协助办案费23 000元；④法律文书制作及印刷费900元；⑤办案设备购置和租赁费6 194.68元；⑥赃（证）物保管费300元；⑦专业补助费3 160元；⑧特情费6 000元；⑨其他办案费49 367.6元。

【案例5】江西上饶市广丰县院职务犯罪案件办案成本构成

江西省上饶市广丰县检察院在查办许某渎职、受贿一案中，办案费用共计25万元。其中：（1）案件初查费75 000元；（2）办案差旅费80 000元；（3）侦缉调查费40 000元；（4）协助办案费20 000元；（5）技术检验鉴定费1 000元；（6）法律文书制作印刷费500元；（7）办案设备购置和租赁费10 000元；（8）赃（证）物保管费1 000元；（9）专业补助费5 500元；（10）特情费5 000元；（11）其他办案费12 000元。

【案例6】山东烟台市芝罘区院渎职侵权案件办案成本构成

山东烟台市芝罘区检察院办理潘某涉嫌滥用职权一案，此案于2009年3月立案侦查，2009年7月侦查终结，办案时间为4个月，办案费用共计144 819.3元，其中：

（1）初查阶段费用7 700元：①专业补助费500元；②其他办案费7 200元。

（2）立案侦查至侦查终结137 119.3元：①办案差旅费19 100元；②侦缉调查费15 000元；③协助办案费28 200元；④法律文书制作印刷费1 250元；⑤办案设备购置和租赁费17 797.3元；⑥赃（证）物保管费300元；⑦专业补助费4 500元；⑧特情费6 000元；⑨其他办案费44 972元。

二、职务犯罪案件审查逮捕上提一级增加的办案成本构成

根据刑法、刑事诉讼法的规定，由人民检察院直接立案侦查贪污贿赂犯罪和渎职侵权犯罪。在深化检察改革的进程中，为健全查办职务犯罪工作监督制约机制，最高人民检察院决定对省级以下检察院办理的职务犯罪案件，实行逮捕报上一级检察院审查决定制度，强化上级检察院对下级检察院办案工作的监督。增加的办案成本主

要包括：办案人员差旅费、侦缉调查费、协助办案费、技术检验鉴定费和翻译费、法律文书制作印刷费、办案设备购置和租赁费、赃（证）物保管费、专业补助费、特情费和其他办案费等费用。以下案例的办案成本均为审查逮捕阶段的费用。

【案例1】四川省院办理贪污贿赂案件上提一级后增加的办案成本构成

××年至××年期间，犯罪嫌疑人熊某先后利用担任攀枝花市电视台台长、攀枝花市广播电视局局长的职务之便，为承建市广电中心办公楼、市电视台家属楼的承建商赵某某牟取利益，先后8次非法收受赵某某送的现金人民币共计52万元，被检察机关立案侦查。本案系检察机关办理的贪污贿赂案件，因实行职务犯罪逮捕报上一级检察院审查决定制度，办理此案增加成本1.9万元。其中：（1）办案差旅费3 000元；（2）侦缉调查费2 000元；（3）协助办案费2 000元；（4）法律文书制作费1 000元；（5）办案设备购置费7 000元；（6）特情费2 000元；（7）其他办案费2 000元。

【案例2】四川省院办理渎职侵权案件上提一级后增加的办案成本构成

四川省院审理甘孜州××县公安局曾某等人涉嫌刑讯逼供犯罪一案。甘孜州××县公安局在2009年6~7月办理“6·16”特大杀人案期间，审讯组负责人县公安局副政委曾某作为审讯组的负责人，不但不制止下属的刑讯逼供行为，而且还指示、放纵刑讯逼供的行为，被检察机关立案侦查。本案系检察机关办理的渎职侵权案件，因实行职务犯罪逮捕报上一级检察院审查决定制度，办理此案增加成本2万元，其中：（1）办案差旅费2 000元；（2）侦缉调查费2 000元；（3）协助办案费2 000元；（4）翻译费2 000元；（5）法律文书制作印刷费1 000元；（6）办案设备购置和租赁费7 000元；（7）特情费2 000元；（8）其他办案费2 000元。

【案例3】江西省上高县院办理职务犯罪案件上提一级后增加的办案成本构成

江西省上高县检察院距离宜春市检察院有100余公里，在实行职务犯罪逮捕报上一级检察院审查决定制度后，经测算，查办一个职务犯罪案件需增加办案成本1.95万元。其中：（1）办案差旅费6 000元；（2）侦缉调查费3 000元；（3）协助办案费3 000元；（4）技术检验鉴定费1 000元；（5）法律文书制作印刷费500元；（6）办案设备购置和租赁费500元；（7）赃（证）物保管费500元；（8）专业补助费2 000元；（9）特勤费1 000元；（10）其他办案费2 000元。

三、批准逮捕和提起公诉办案成本构成

批准逮捕和提起公诉办案成本是指人民检察院在审查公安、国家安全等机关侦查的案件后，在批准逮捕和提起公诉工作中发生的费用支出，主要包括：办案人员差旅费、侦缉调查费、协助办案费、技术检验鉴定费和翻译费、法律文书制作印刷费、办案设备购置和租赁费、赃（证）物保管费、专业补助费和其他办案费等费用。

【案例1】河南南阳市院公诉案件办案成本构成

河南省南阳市院办理白玉岗等29人黑社会性质犯罪一案，此案共有被告人29人，涉及罪名包括组织领导参加黑社会组织罪、故意伤害罪、聚众斗殴罪、寻衅滋事罪、破坏生产经营罪、强迫交易罪等多个罪名。本案被告人分别被羁押于湖北襄樊、老河口、桐柏，

以及南阳市的12个看守所，案件卷宗51册，1万余页。南阳市院公诉科办理此案支出近11万元。其中：（1）办案差旅费1.5万元。（2）车辆燃油费（各看守所提审、开庭等）1.2万元。（3）法律文书制作费（打印、复印、制作审查报告、起诉书、示证提纲、质证提纲、答辩提纲、公诉意见书等制版1.1万余版，印张5万余页）8万余元。

【案例2】天津宝坻区院公诉案件办案成本构成

2009年，天津宝坻区检察院办理文某等8人抢劫、盗窃、交通肇事案。该案调查取证过程中，承办人多次到河北省、河南省及天津市宁河县、武清区、北辰区等地，对被害人的损失进行核实及取证。办理该案，历时一个半月，耗费了大量的人力、物力，办案费用共计11 590元。其中：（1）办案差旅费6 945元；（2）侦缉调查费635元；（3）协助办案费780元；（4）案件涉案物品价值评估专业鉴定费1 050元；（5）法律文书复印、打印、扫描费300元；（6）赃物保管费730元；（7）其他办案费1 150元。

四、民事行政检察办案成本

民事行政检察办案成本是指人民检察院依法对人民法院的民事审判和行政诉讼活动进行法律监督发生的费用支出，主要包括：办案人员差旅费、侦缉调查费、协助办案费、技术检验鉴定费和翻译费、法律文书制作印刷费、办案设备购置和租赁费、赃（证）物保管费、专业补助费和其他办案费等费用。

【案例】山东烟台罘芝区院民事行政办案成本说明

2009年，山东省烟台市芝罘区检察院民行科办理深圳森圳电子公司买卖合同纠纷案，该案于2009年5月受理，8月结案，办案费用共计5 306.72元。其中：（1）办案差旅费2 720元。（2）法律文书制作及印刷费62元。（3）其他办案费2 524.72元。

五、控告申诉办案成本

控告申诉办案成本是指人民检察院在受理公民控告、申诉和检举工作中发生的费用支出，主要包括：办案人员差旅费、侦缉调查费、协助办案费、技术检验鉴定费和翻译费、法律文书制作印刷费、办案设备购置和租赁费、赃（证）物保管费、专业补助费和其他办案费等费用。

【案例】山东烟台芝罘区院控告申诉案件办案成本构成

山东烟台芝罘区检察院控申科办理魏某案，此案于2009年2月份受理，11月份结案，历时9个月，办案费用共计12 403.76元，其中：（1）办案差旅费4 920元；（2）协助办案费4 200元；（3）技术检验鉴定和翻译费500元；（4）法律文书制作印刷费38元；（5）办案设备购置和租赁费739.47元；（6）其他办案费2 006.29元。

地方检察院经费困难典型事例

一、关于职务犯罪案件审查批捕程序改革经费保障测算

为贯彻落实中发［2009］19号文件关于改革检察机关职务犯罪案件审查逮捕程序的要求，从2009年7月起，在全国实施省级以下人民检察院立案侦查的职务犯罪案件由上一级人民检察院审查逮捕改革，省级院和市州分院两级院办理案件数量将大幅上升，基层院报送案件的工作量将大量增加。以湖北为例，省院和市州分院在机构设置、人员编制、装备配备、技术保障等方面都难以与改革后的新情况、新任务相适应。此项改革，全省检察机关需要对二三级机要通道及专线网加密，需要增加业务车辆147台、笔记本电脑481台、扫描仪129台、同步录音录像设备128套、多媒体示证设备128台，共需经费10 983万元（其中省院211万元，市州分院3 605万元，基层院7 167万元），上述装备需3年配备到位。同时，全省检察机关每年需增加办案业务经费5 730万元（其中省院800万元，市州分院1 600万元，基层院3 330万元）。职务犯罪案件审查批捕程序改革后，全省检察机关共需经费16 713万元（其中省院1 011万元，

市州分院 5 205万元，基层院 10 497万元）才能满足工作需要。

二、职务犯罪案件审查逮捕上提一级具体事例

例一：广西壮族自治区检察机关去年反贪、反渎自侦案件立案侦查 1 168件，每件按 2.6 万元计算，每年因实行职务犯罪案件审查逮捕上提一级增加开支 3 036万元。目前，由于办案经费短缺，全区检察机关职务犯罪案件审查逮捕上提一级工作不能顺利开展。这项改革工作实施以来，广西壮族自治区河池市院及所辖基层院因缺钱还没有上提一级报捕 1 件案件，出现对犯罪嫌疑人决定逮捕改为取保候审，等有钱再报捕的做法，这样对案件突破非常不利，当地人大代表也多次提意见，指出检察机关反腐不力。

例二：湖南省永州市检察院在职务犯罪案件审查逮捕上提一级后，侦查监督业务工作量是往年的 8 倍，以该院近 5 年全市各区县院所办理的职务犯罪案件 125 件 170 人计，此项改革增加的提审差旅费、市院办理后送达各区县院以及上报省院备案等工作支出，永州市院每年需增加办案经费支出 60 万元。

例三：青海省检察机关将从今年 9 月 1 日起实施职务犯罪案件上提一级。目前，青海省检察机关的远程提审系统尚未建设，全省检察机关每年立案侦查职务犯罪案件 180 人左右，其中州、市分院每年的立案侦查职务犯罪案件 40 人左右。实施上提一级改革后，州、市分院将承担近 100 件左右的批准逮捕案件，省院将承担 40 件左右的批准逮捕案件。由于这些案件都需要到当地提审犯罪嫌疑人，办案成本将会大幅度提高。以茫崖矿区检察院为例，茫崖矿区距离省会西宁 1 300公里，离州府所在地德令哈市 800 公里，茫崖行委常

驻人口少，流动人口多，是一个典型的工业矿区，是西气东输的起点和重要枢纽，刑事案件和职务犯罪案件高发，每起案件都要外出取证，往返于德令哈、格尔木、西宁市以及甘肃的敦煌等地，交通线长，公共交通极为不便，办案车辆损耗大，在上提一级改革后，办案成本将会成倍增加。

例四：2009年10月，福建省福清市检察院查办了供电有限公司干部潘行力涉嫌贪污案，此案是该院在审查逮捕上提一级后该院办理的第一起职务犯罪案件。在办案过程中，福清市院在审查批捕过程中，因工作需要，派人到市院汇报案件，报送案件材料，共增加差旅费0.5万元，协助市院到江阴、福州、莆田等地核实证据11次，共增加费用0.4万元，按照市院在审查中提出的要求，聘请会计师事务所进行专项审计花费1.8万元，增加设备租赁费和其他费用0.35万元，合计共增加办案成本3.05万元。

三、公诉案件二审开庭

湖南省永州市检察院办理的公诉案件二审刑事案件，年均抗诉案件为40件，上诉案件数为300件，再审案件数为40件，按照改革工作要求，此3类案件需要到区县院开庭，将增加差旅费等办案成本38万元。

四、监所体制改革

湖南省永州市院在监所体制改革工作中，市院对“三狱两所”的执行监督由事后当地检察院监督改革为同级同步监督，既要增加编制 11 人，又要改善办公场所、购置办公设备用品，办公经费大量增加。同时参与社区矫正、保外就医等工作。全市监外执行考察罪犯 3 000余人，由于关押人员分散在全省各地，每人每年实地考察 2 次，此项改革的实施，需增加经费开支 60 万元。

五、查办职务犯罪案件

例一：宁夏回族自治区盐池县检察院反贪局初查县采暖公司经理刘某涉嫌职务犯罪一案中，因无法支付锅炉鉴定费 40 万，导致此案初查无法开展。

例二：2009 年 9 月 13 日，广西壮族自治区灵山县检察院受理查处邓某、袁某、刘某受贿、邓某行贿一案。犯罪嫌疑人邓某是灵山县灵东水库管理局的局长，袁某是山县灵东水库管理局工程技术股股长，刘某是灵东水库管理局副局长，邓某是桂林市天力水利电力建筑安装工程公司工程师。2008 年 6 月至 10 月，在灵山县灵东水库、陆金水库除险加固工程招投标过程中，邓某、袁某、刘某利用职务便利，伙同他人对工程进行违规招投标，最后取得该工程的承建权，然后由邓某（另案处理）投资进行施工、管理，分别收受邓某送的人民币 50 万元、45 万元、5 万元（涉案赃款市纪委在移送该院侦查前全部追缴）。由于案件涉案人员多，案情复杂，跨地区调查取证困难，案件侦查期间，为搜集证据，抓捕在逃涉案人员，该院反贪局 10 多名办案人员多人多次到南宁、桂林、浦北及钦州等地调查取证，历时 5 个月的侦查工作，共开支办案经费 18. 95 万元。

2010 年 2 月，此案基本侦查终结，但办案的巨大开支使得该院去年第三季度后出现经费严重紧缺，致使该院未能采取技术手段及时查找案件主要证人，现仍有3名主要证人下落不明，未能到案作证，对案件诉讼顺利进行影响较大，很难办成铁案。

例三：吉林省长春市检察院在2006~2008年，办理最高人民检察院和省院交办的上海社保案，支出办案费700多万元。

例四：河北省院办理的“7·14”蔚县特大煤矿事故瞒报案，涉案单位21个，涉案人员23人，涉案罪名5个，涉案金额674万元，办案2008~2009年历时2年，办案开支318万元。

例五：辽宁省院办理最高人民检察院交办的皮某案，办案费用计93.9万元。2009年5月11日，辽宁省院接到高检院交办的侦查皮某受贿、滥用职权案任务后，组织了20名工作人员先后15次赴天津、北京进行工作，累计在天津、北京工作近110天。期间，4名工作人员先后四次赴青岛取证，在青岛工作20天；3名工作人员两次去香港取证，在港共工作8天。2009年共发生费用765 992元，包括差旅费302 270元、交通费115 435元、办公费19 209元、协助调查费281 078元、办案加班餐费48 000元。2010年共发生费用112 680元，包括差旅费112 482元、办公费198元，借款6万元未核销。此案尚未结束，仍将继续发生相关费用。

例六：湖南省永州市检察院在办理蓝山“11·6”涉黑保护伞系列案时，抽调7个县检察院反渎局40人，纪检人员60人，对涉案的56人进行调查，立案16人，支出办案费120万元。

例七：湖南省长沙市检察院反贪部门2009年办理职务犯罪案件21件，大部分是省纪委和省院交办的案件，平均每个案件成本达30多万元。其中，2008年中纪委交办的河南省洛阳主要领导特大受贿案，长沙市院参战干警60多人，办案开支200多万元。此外，办理渎职侵权案件成本更高，近两年平均办理1件反渎案件成本近40

万元。

例八：内蒙古自治区地域辽阔、东西跨度大、自然条件恶劣，点多线长，办案成本明显比内地高，尤其是贪污贿赂和渎职侵权等自侦案件。例如，自治区检察院去年办理的1起渎职侵权案件，从初查到立案侦查共支出100多万元。赤峰市检察院每年用在办理贪污贿赂和渎职侵权等职务犯罪案件上的经费近300万元，赤峰市喀喇沁旗检察院每年用在办理贪污贿赂和渎职侵权等职务犯罪案件的经费近80万元，在审查批捕上提一级后每件案子平均又增加了2万~3万元的成本。又如，呼伦贝尔市地处内蒙古自治区最北端，冬季漫长寒冷（年平均气温-5℃~2℃，近8个月的取暖期），距离自治区首府路途遥远，每年办案交通费、差旅费、取暖费等费用远远高于全区其他地区，从统计数据来看，自侦案件平均成本明显较高。阿拉善盟的阿右旗检察院，地处内蒙古最西端，边境线长、地域面积大、自然条件恶劣，每办理1起自侦案件都需支出大量的交通费、差旅费、电话费等多种费用，办案成本较大。

例九：2005年8月，辽宁省人民检察院反贪局交办本溪市院的丹东证券公司总裁张某挪用公款、贪污案件，丹东证券公司办公室主任吕某贪污案件。此案从初查、立案侦查到侦查终结历时一年半，案情重大复杂，本溪市院为调取相关证据，询问相关证人，办理扣押房产、转换房产等相关事宜先后到上海、珠海、丹东、沈阳等地做取证工作。因吕某案件的上海房产转换工作到现在还未结束，办案费用还将继续发生。截至目前，办案支出共计67.1万元。

例十：2009年4月23日，大连市检察院反贪局根据群众举报对原大连市开发办副主任孔某（副局级）涉嫌犯罪问题开展初查，5月8日，大连市院以涉嫌受贿罪、巨额财产来源不明罪对孔某进行立案侦查，5月9日依法刑事拘留，5月22日依法逮捕。现案件仍在进一步侦查中。由于此案重大复杂，涉及面广，且嫌疑人具有加拿大国籍，相关的人证和物证需要到境外调取，投入了大量的人力、物力、财力，付出了很高的办案成本。一是成立专案组，投入人力20人，分6个组，开展案件的调查工作；二是花费了大量时间，历时1年，目前案件侦查工作还在紧张地进行中；三是办案费用较大，主要是异地提审费用、外地取证费用、司法协助费用、翻译鉴定费用等。

例十一：2008年，西藏拉萨市检察院办理的阿里“1·31”案件，涉案金额达1 000多万元，为了核实证据，扣押、冻结涉案财产，多次派人赴阿里、新疆、四川、河南、陕西等省市，办案费用计30多万元。

例十二：广西壮族自治区罗城县检察院办理的吕某贪污一案，犯罪嫌疑人吕某担任县交通局出纳员期间，于2009年8月16日下午利用职务之便，携款40万多元潜逃。8月18日该院立案侦查，当日即展开追逃工作。因为距事发当日已有3天，没有任何其下落的线索，为寻找线索，经和有关部门协商，一同进行追逃。8月18日~12月30日，办案人员先后赴北海、广州、深圳等地调查。由于该案犯罪嫌疑人吕某家庭关系复杂，到目前还没有将其抓获归案，已支出差旅费等合计9.2万元。下一步，该院将加大对吕某的追逃工作力度，预计还需要经费9万元。

例十三：贵州省黔东南黄平县检察院查处的一件行贿案件，涉案金额20余万元，州院及黄平县院到浙江追逃三次，开支了30余万元。

六、诉讼监督

湖南永州市与广东、广西两省交界，全市每年刑事案件高位运行，审查批捕案件每年3 200～3 500人；起诉案件2 500～2 800人。永州市检察院的办案数量居高不下，因此产生的办案费用刚性增长。

七、信访维稳

2009年，因湖南永汽总公司、市供销社、万利集团等单位职工反映单位领导腐败问题，多次赴省进京上访，省市领导多次作出批示，湖南省永州市检察院组织20多人调查6个多月，开支达60多万元。

八、欠债情况

（一）“两房”建设欠款

（1）湖南永州市祁阳县院“两房”建设欠款1 200万元，其中：欠干警集资款331万元，向有关单位借款370余万元，估算欠基建方500万元（因正在进行决算）。

（2）吉林省东辽县是人口只有36万人的国家级贫困县，2009年县财政收入2亿元。2004年，东辽县检察院的“两房“建设，由院领导担保通过部分农民办理抵押手续在农行贷款30万元，至今未还。农行多次催要并起诉到法院，但现在仍无力偿还。

（3）2007年，广西柳江县检察院征地约6 652.7平方米，2008

年1月30日开工建设一栋办案、专业技术用房，建筑面积5 000平方米，总投资1 530万元，通过当地政府拨款和拍卖原办公楼筹资到建设资金1 030万元，2010年2月10日，新楼落成并使用，欠债500万元。自治区检察院、发改委多次向国家发改委为其申报中央预算内投资，但都未得到解决。就在落成搬迁当天，即春节前两天，农民工上门要钱回家过年，该院马上向当地党委政府汇报，政府当即决定通过柳江城市建设投资公司给柳江县检察院向银行贷款200万元，贷款期限半年，柳江县检察院每月向银行付贷款利息1.2万元，该院十分期望2010年中央预算内投资补助能得以落实，早日还清银行贷款。

（4）宁夏隆德县检察院用干警信用担保"两房"建设案例。该院"两房"于2001年立项，建筑面积1 750平方米，附属用房100平方米，总投资190万元，其中：国债投资100万元；自治区预算内资金50万元；地方配套40万元。2005年自治区追加预算内资金50万元，共计240万元。实际到位200万元。2003年3月公开招标投建，2005年5月竣工交付使用。但是，在修建过程中，由于勘察的地基和实际开挖的地基出现较大落差，对地基进行深挖和特殊处理，加之建筑面积由1 750平方米增加到2 584.79平方米，对内装修和地面在设计预算基础上进行了调整，实际工程造价达到348.6万元，但实际到位资金仅200万元。在修建过程中，由于资金紧张，工程无法进行，全院干警以个人名义在银行贷款50万元才使工程继续进行直至竣工，但目前仍欠基建和装修款89.3万余元。

（二）人员经费拖欠

湖南省祁阳县院人员经费不能按时拨付，且各种捐助活动频繁，有的家属下岗，干警被迫为生计操心，一个工作近20年的县级检察员，每月所有收入只有1 800元，需要养活一家老小，生活十分困难。

（三）公用经费拖欠

吉林辽源市龙山区院由于区财政困难，只能解决工资，其他经费无保障，欠水、电、气费35万元，赊欠办公费用30万元。

深化检察保障体制改革问卷调查情况分析

本次问卷调查是在2008年司法保障体制改革问卷调查的基础上进行的，共发出问卷1 200份，收回有效问卷1 186份。其中人大代表176名，政协委员157名，党政领导183名，专家学者46名，政法干警296名，人民监督员144名，基层群众142名，其他42名。

(1) 你认为2009年实行政法经费“分类负担”保障体制以来，政法机关日益繁重的工作任务与经费保障供给不足的矛盾：

A. 有效缓解(86)

B. 基本缓解(1 081)

C. 没有缓解(19)

结果显示：绝大部分被调查者认为2009年实行政法经费“分类负担”保障体制以来，政法机关日益繁重的工作任务与经费保障供给不足的矛盾得到了基本的缓解。

(2) 你认为，现行政法经费“分类负担”保障体制：

A. 较好地解决了政法经费保障不平衡的问题(769)

B. 受地方经济发展水平的影响不大(227)

C. 未从根本上根除传统“分级负担”保障体制存在的弊端(1 043)

结果显示：所调查的对象认为现行政法经费“分类负担”保障体制较好地解决了政法经费保障不平衡的问题，但是未从根本上根除传统“分级负担”保障体制存在的弊端，而且受地方经济发展水平的影响较大。

（3）你对深化国家统一保障政法机关经费体制改革必要性有何看法？

A. 有利于提高执法水平和法律监督能力（1 058）

B. 有利于维护和实现公平正义（1 042）

C. 有利于克服执法不严、不公、不廉、不文明的现象（972）

D. 有利于维护党的形象，树立司法权威，改善党同人民群众的关系（933）

E. 有利于规范化建设，提高队伍整体战斗力（982）

F. 有利于缓解地方经费支出压力（936）

列前三位的选项为 A、B、E

结果显示：所调查的对象认为建立国家统一的政法机关经费保障体制更有利于提高执法水平和法律监督能力、维护和实现公平正义、有利于规范化建设，提高队伍整体战斗力。

（4）你对深化国家统一保障政法机关经费体制改革具有现实可行性有何看法？

A. 党的“十七大”有明确的要求（948）

B. 中央关于加强“两院”工作的《决定》有明确意见（977）

C. 国民经济社会发展整体水平提高（933）

D. 财力整体保障能力增强（930）

E. 垂管部门有现成的经验和做法（857）

F. 司法权是中央事权，由中央财力保障比较科学（920）

G. 由中央财政保障就是坚持中央司法事权与财权相结合的统一形式（853）

列前三位的选项为B、A、C

结果显示：所调查的对象认为党中央明确的要求和综合国力的提升，增加了深化国家统一保障政法机关经费体制的现实可行性。

（5）你对实行国家统一保障政法经费体制，同实施法官法、检察官法、警察法、国家安全法、监狱法、公务员法是否一致持何看法？

A. 不冲突（1 161）

B. 有冲突（25）

结果显示：所调查的对象98%认为国家统一保障政法经费与现行法律不冲突。

（6）如果实行国家统一保障政法经费体制同财权与司法事权相一致原则是否相一致？

A. 是一致的（1 068）

B. 比较一致（106）

C. 不一致（12）

结果显示：所调查的对象有90%认为实行国家统一保障政法经费体制更能体现财权与司法权相一致原则。

（7）如果实行国家统一保障政法经费体制同预算法是否相衔接？

A. 相衔接（1 114）

B. 不衔接（72）

结果显示：绝大多数被调查者认为实行国家统一保障政法经费体制与预算法能够很好地衔接。

（8）你认为政法经费国家统一保障应该如何实行？

A. 由中央与省两级财政相结合的全额保障体制（234）

B. 由中央财政全额保障的体制（952）

结果显示：80%被调查者赞同由中央财政全额保障的政法经费国家统一保障体制。

（9）你认为实行政法经费国家统一保障体制，能否解决预算支出的及时性问题？

A. 完全能够（1 010）

B. 基本能够（153）

C. 不能够（23）

结果显示：85%的被调查者认为国家统一保障政法经费体制完全能够解决预算支出的及时性问题。

（10）如果实行国家统一保障政法经费体制是否有必要建立跨地区、跨省重大突发事件、不可预测的灾害事件、查办跨国犯罪应急专项经费等预备金制度？

A. 完全有必要（966）

B. 有必要（193）

C. 没有必要（27）

结果显示：几乎所有被调查者都认为应该建立预备金制度。

（11）建立执行与国家全额统一财政保障体制相配套的医疗、意外伤害保险相关政策、核定标准与托管就医、保险相结合的机制是否可行？

A. 完全可行（951）

B. 可行（179）

C. 不可行（56）

结果显示：绝大多数被调查者认为应该建立与财政保障体制相

配套的医疗保险机制。

(12) 建立住房公积金按核定标准交纳与所在地享受同等待遇相结合的机制是否可行?

A. 完全可行 (945)

B. 可行 (203)

C. 不可行 (38)

结果显示：绝大多数被调查者认为住房公积金标准应与所在地待遇标准相结合。

(13) 建立检察干警因公牺牲、伤残、因病致贫的保险、抚恤标准与政法机关标准一致的机制是否可行?

A. 完全可行 (977)

B. 可行 (175)

C. 不可行 (34)

结果显示：几乎所有被调查者都认为政法机关应建立统一的保险、抚恤标准。

(14) 你对当前政法机关人员经费保障状况是否满意?

A. 满意 (93)

B. 基本满意 (158)

C. 不满意 (935)

结果显示：有近 80% 的被调查者对当前政法机关人员经费保障状况不满意

(15) 你认为如果实行政法经费国家统一保障体制，能否缩小人员经费保障区域差异?

A. 完全能够 (941)

B. 基本能够 (218)

C. 不能够（27）

结果显示：绝大多数被调查者认为，如果实行政法经费国家统一保障体制，能够缩小人员经费保障区域差异

（16）你认为政法机关人员经费应该由哪一级财政负责保障最为合理？

A. 中央财政保障（1 036）

B. 中央和省级财政共同保障（132）

C. 同级财政保障（18）

结果显示：近 90% 的被调查者认为政法机关人员经费应该由中央财政保障最为合理。

（17）你对建立与政法机关职业特点相适应的不同于一般公务员的工资、津贴、待遇保障标准有何看法？

A. 完全有必要（986）

B. 有必要（128）

C. 没有必要（72）

结果显示：绝大多数被调查者认为，由于政法机关的特殊性与专业性，应建立不同于一般公务员的保障标准。

（18）你认为当前政法机关人员经费正常增长机制是否健全？

A. 健全（11）

B. 基本健全（82）

C. 不健全（1 093）

结果显示：绝大多数被调查者认为当前政法机关人员经费正常增长机制不健全。

（19）你认为是否应当建立鼓励干警和优秀人才到基层和经济欠发达地区工作机制？

A. 完全有必要（916）

B. 有必要（223）

C. 没有必要（47）

结果显示：绝大多数被调查者认为应当建立鼓励干警和优秀人才到基层和经济欠发达地区工作机制。

（20）你对建立国家公共财政均等化统一保障中央、省两级管理的政法机关公用经费保障标准有何看法？

A. 完全有必要（904）

B. 有必要（253）

C. 没有必要（29）

结果显示：80% 被调查者认为建立国家公共财政均等化统一保障完全有必要。

（21）你对建立与检察机关职业特点相适应的装备配备标准，纳入中央、省两级国民经济社会发展（应急、短期、中期、长期）规划有何看法？

A. 完全有必要（985）

B. 有必要（163）

C. 没有必要（37）

结果显示：近 90% 的被调查者认为检察机关装备标准应纳入中央、省两级国民经济社会发展规划。

（22）你认为哪方面检察装备亟需加大投入力度？

A. 检察业务装备（996）

B. 综合办公装备（936）

C. 技术检验鉴定设备（1 013）

D. 基础信息网络设备（982）

结果显示：所调查的对象认为在检察业务装备、综合办公装备、技术检验鉴定设备、基础信息网络设备方面亟需加大投入力度

（23）检察机关在使用公安部门、国家安全部门的高端办案设备或查询相关信息过程中，配合协作如何？

A. 非常配合（43）

B. 配合较好（116）

C. 配合不力，很不方便（1 027）

结果显示：所调查的对象认为检察机关在使用公安部门、国家安全部门的高端办案设备或查询相关信息过程中，配合不力，很不方便。

（24）你认为是否有必要建立政法部门间高端办案设备共建共享机制？

A. 没有必要，现状很好（13）

B. 很有必要，可以发挥装备效益（1 109）

C. 可建可不建（64）

结果显示：绝大部分被调查者认为有必要建立政法部门间高端办案设备共建共享机制。

（25）你对建立与检察机关职业特点相适应的基础设施建设标准有何看法？

A. 完全有必要（994）

B. 有必要（183）

C. 没有必要（9）

结果显示：绝大多数被调查者赞同建立有检察机关特点的基础设施建设标准。

（26）目前政法经费保障存在支出在财政支出中的比重偏低，支

出增幅同财政收入增幅不协调，政法经费预算支出增幅不高等突出问题，是否应当调整公共财政支出结构，增加政法支出的比重，政法经费支出增幅应与财政收入增长幅度保持一致，形成正常的增长机制？

A. 完全有必要（966）

B. 有必要（188）

C. 没有必要（32）

结果显示：几乎所有被调查者都认为政法经费支出应与财政收入增幅保持一致。

（27）如果实行政法经费中央、省两级全额统筹保障，省以下地方政府在基础设施建设方面的划拨供地、减免相关规范、征地和拆迁补偿等减免优惠措施是否继续执行？

A. 应当（973）

B. 视情而定（192）

C. 不应当（21）

结果显示：87% 的被调查者认为政法经费两级全额保障后，各地仍应在基础设施建设方面对政法机关给予优惠。

（28）政法经费如果实行中央、省两级全额统筹，保障前的历史债务如何化解？

A. 由中央一次性化解（705）

B. 由中央、省两级共同承担（285）

C. 由中央、省、本级共同分担（167）

D. 由本级负担（29）

结果显示：对于历史债务问题，60% 的被调查者认为应由中央化解，另有 38% 的被调查者认为应由各级共同承担。

（29）你对建立罚没收入真正彻底脱钩的检察经费财政管理体制有何看法？

A. 完全有必要（989）

B. 有必要（185）

C. 无必要（12）

结果显示：几乎所有被调查者均认为检察经费应现罚没收入完全脱钩。

人员经费篇

关于检察机关人员经费保障情况调研分析报告

【提要】强有力的检务保障，特别是人员经费保障是有效履行法律监督职能的重要前提。“十二五”及今后时期，检察机关人员经费保障应建立同公务员法相衔接、体现检察官法规范管理要求的检察人员工资、津补贴等相对均等化保障的待遇标准，建立鼓励干警到基层、到贫困地区工作的激励机制，促进检察事业可持续发展。

根据高检院的调研要求，我们对全国检察机关人员经费保障情况进行了调研分析，现报告如下。

一、主要特点及表现

（一）东中西部人员经费保障水平差距大

据对全国 32 个省（自治区、直辖市、兵团）检察机关 2006～2010 年人员经费情况统计，东部 9 个省（直辖市）年人均收入 6.09 万元，中部 10 个省年人均收入 3.67 万元，西部 13 个省（自治区、兵团）年人均收入 3.79 万元。按东中西部保障水平比，东部比中部年人均高 2.42 万元，高出 65.94%，比西部年人均高 2.3 万元，高出 60.68%，西部比中部年人均高出 0.12 万元，高出 3.27%。按区域高低类别比，东部最高的上海市年人均 12.09 万元，比中部最高的海南省年人均 4.31 万元高出 7.78 万元，高出 180.51%，比中部最低的河南省年人均 3.06 万元高出 9.03 万元，高出 295.1%；比西部最高的西藏自治区年人均 5.41 万元高出 6.68 万元，高出 123.48%，比西部最低的甘肃省年人均 3.32 万元高出 8.77 万元，高出 264.16%；全国最高的上海市是最低的河南省的 3.95 倍。全国检察机关 2006~2010 年人员经费收入明细表见表 2-1。

表 2-1　全国检察机关 2006~2010 年人员经费收入明细表（不含港、澳、台）

地　区	人数（人）	人员经费（万元）	人均（万元）	人均收入排序
北京市	20 765	142 813.32	6.88	6
上海市	20 108	243 035.18	12.09	1
广东省	69 747	496 226.29	7.11	3
福建省	40 063	172 507.59	4.31	9
江苏省	59 359	420 086.42	7.08	5
浙江省	42 867	310 983.83	7.25	2
山东省	80 261	331 796.91	4.13	11
天津市	15 017	106 712.11	7.11	4
辽宁省	51 772	211 528.23	4.09	14
东部小计	399 959	2 435 689.88	6.09	0
黑龙江省	42 624	158 467.99	3.72	25
吉林省	31 186	115 035.32	3.69	26
海南省	10 425	44 886.71	4.31	10
河北省	62 913	247 734.12	3.94	15
山西省	43 803	155 496.29	3.55	28
河南省	92 773	284 005.75	3.06	32
安徽省	42 119	165 588.38	3.93	16
湖北省	52 131	214 118.22	4.11	13
江西省	34 640	120 449.96	3.48	30

续表

地　　区	人数（人）	人员经费（万元）	人均（万元）	人均收入排序
湖南省	49 570	191 060. 23	3. 85	18
中部小计	462 184	1 696 842. 96	3. 67	0
内蒙古自治区	34 202	121 883. 83	3. 56	27
陕西省	35 430	135 195. 58	3. 82	20
宁夏回族自治区	9 318	34 806. 12	3. 74	23
云南省	43 240	160 972. 08	3. 72	24
贵州省	29 281	103 398. 03	3. 53	29
四川省	64 250	242 010. 31	3. 77	21
重庆市	21 442	80 184. 94	3. 74	22
甘肃省	26 958	89 393. 73	3. 32	31
广西壮族自治区	34 765	133 557. 70	3. 84	19
西藏自治区	10 178	55 023. 33	5. 41	7
新疆维吾尔自治区	27 678	107 017. 86	3. 87	17
青海省	9 742	46 841. 98	4. 81	8
新疆生产建设兵团	4 726	19 534. 60	4. 13	12
西部小计	351 210	1 329 820. 07	3. 79	0
总计	1 213 353	5 462 352. 92	4. 50	0

（二）省区人员经费保障差距大

全国检察机关人员经费年人均10万~13万元的1个单位（上海），占3. 13%；年人均7万~10万元的4个单位（广东、江苏、浙江、天津），占11. 5%；年人均6万~7万元的1个单位（北京），占3. 13%；年人均5万~6万元的1个单位（西藏），占3. 13%；年人均4万~5万元7个单位（福建、山东、辽宁、海南、湖北、青海、兵团），占21. 88%；年人均3万~4万元的18个单位（黑龙江、吉林、河北、山西、河南、安徽、江西、湖南、内蒙、陕西、宁夏、云南、贵州、四川、重庆、甘肃、广西、新疆），占56.25%。超6万元以上的都在东部发达省区，超5万元以上仅西部地区的西藏，78%的省（自治区）是低保障水平，21%左右达到中等或接近中等保障水平。全国检察机关2006~2010年人员经费收入明细表见表2-2。

表2-2　全国检察机关2006~2010年人员经费收入区段分析表（不含港、澳、台）

地区	人数（人）	人员经费（万元）	人均（万元）	年收入10万元以上的单位（个）	年收入7万~10万元的单位（个）	年收入6万~7万元的单位（个）	年收入5万~6万元的单位（个）	年收入4万~5万元的单位（个）	年收入3万~4万元的单位（个）
北京市	20 765	142 813.32	6.88	0	0	1	0	0	0
上海市	20 108	243 035.18	12.09	1	0	0	0	0	0
广东省	69 747	496 226.29	7.11	0	1	0	0	0	0
福建省	40 063	172 507.59	4.31	0	0	0	0	1	0
江苏省	59 359	420 086.42	7.08	0	1	0	0	0	0
浙江省	42 867	310 983.83	7.25	0	1	0	0	0	0
山东省	80 261	331 796.91	4.13	0	0	0	0	1	0
天津市	15 017	106 712.11	7.11	0	1	0	0	0	0
辽宁省	51 772	211 528.23	4.09	0	0	0	0	1	0
东部小计	399 959	2 435 689.88	6.09	1	4	1	0	3	0
黑龙江省	42 624	158 467.99	3.72	0	0	0	0	0	1
吉林省	31 186	115 035.32	3.69	0	0	0	0	0	1
海南省	10 425	44 886.71	4.31	0	0	0	0	1	0
河北省	62 913	247 734.12	3.94	0	0	0	0	0	1
山西省	43 803	155 496.29	3.55	0	0	0	0	0	1
河南省	92 773	284 005.75	3.06	0	0	0	0	0	1
安徽省	42 119	165 588.38	3.93	0	0	0	0	0	1
湖北省	52 131	214 118.22	4.11	0	0	0	0	1	0
江西省	34 640	120 449.96	3.48	0	0	0	0	0	1
湖南省	49 570	191 060.23	3.85	0	0	0	0	0	1

续表

地区	人数（人）	人员经费（万元）	人均（万元）	年收入10万元以上的单位（个）	年收入7万~10万元的单位（个）	年收入6万~7万元的单位（个）	年收入5万~6万元的单位（个）	年收入4万~5万元的单位（个）	年收入3万~4万元的单位（个）
中部小计	462 184	1 696 842.96	3.67	0	0	0	0	2	8
内蒙古自治区	34 202	121 883.83	3.56	0	0	0	0	0	1
陕西省	35 430	135 195.58	3.82	0	0	0	0	0	1
宁夏回族自治区	9 318	34 806.12	3.74	0	0	0	0	0	1
云南省	43 240	160 972.08	3.72	0	0	0	0	0	1
贵州省	29 281	103 398.03	3.53	0	0	0	0	0	1
四川省	64 250	242 010.31	3.77	0	0	0	0	0	1
重庆市	21 442	80 184.94	3.74	0	0	0	0	0	1
甘肃省	26 958	89 393.73	3.32	0	0	0	0	0	1
广西壮族自治区	34 765	133 557.70	3.84	0	0	0	0	0	1
西藏自治区	10 178	55 023.33	5.41	0	0	0	1	0	0
新疆维吾尔自治区	27 678	107 017.86	3.87	0	0	0	0	0	1
青海省	9 742	46 841.98	4.81	0	0	0	0	1	0
新疆生产建设兵团	4 726	19 534.60	4.13	0	0	0	0	1	0
西部小计	351 210	1 329 820.07	3.79	0	0	0	1	2	10
总计	1 213 353	5 462 352.92	4.50	1	4	1	1	7	18

（三）基本工资基本相等，但津补贴差距大

从人员经费结构来看，全国检察人员基本工资基本统一，人员经费差距主要是津补贴。据对2006~2010年统计，基本工资水平年人均在1.18万~1.82万元之间，仅上海市为2.23万元，略高于全国平均水平，其他省（自治区、直辖市）差距较小。人员经费差异大的突出表现是津补贴差距大。东、中、西部津补贴人均分别为4.54万元、2.18万元、2.45万元（西部部分地区有特殊津贴）。其

中东部比中部高 2.36 万元，比西部高 2.09 万元，分别高出 108.26%、85.31%。按省份计算，津补贴年收入在 5 万元以上的 6 个单位（北京、上海、广东、江苏、浙江、天津），占 18.75%；年收入在 3 万～4 万元的 3 个单位（福建、西藏、青海），占 9.38%；年收入在 2 万～3 万元的 20 个单位（山东、辽宁、黑龙江、海南、河北、山西、安徽、湖北、江西、湖南、内蒙、陕西、宁夏、云南、贵州、四川、重庆、广西、新疆、兵团），占 62.5%；年收入在 2 万元以下的 3 个单位（吉林、河南、甘肃），占 9.38%。全国检察机关 2006～2010 年人员经费收入明细表见表 2－3。

（四）赃款返还解决人员经费问题仍然存在

据统计，2006～2010 年，全国检察机关靠赃款返还解决人员经费 8.16 亿元，年均 1.63 亿元，占人员经费 1.49%，其中东部地区为 1.07%，年人均 652 元，中部地区 2.76%，年人均 1 014 元，西部地区为 0.65%，年人均 247 元，发达地区和享受国家西部政策地区人员经费保障较好，自身经济困难且没有享受国家优惠政策的中部地区在一定程度上还依赖赃款返还解决人员经费，压力大。全国检察机关 2006～2010 年人员经费收入明细表见表 2－4。

（五）同省区市、县级院津补贴差距大

据对中部湖北省抽样调查，2010 年，全省人均津补贴 3.04 万元，7 万～8 万元的 5 个单位（青山、武昌、江岸、武汉市、江汉），占 4.07%；6 万～7 万元 3 个单位（新洲、洪山、硚口），占 2.44%；5 万～6 万元 3 个单位（汉阳、蔡甸、东西湖），占 2.44%。4 万～5 万元 6 个单位（铁山、江夏、猇亭、西陵、汉南、

表 2－3　全国检察机关 2006～2010 年人员经费收入区段分析表（不含港、澳、台）

地区	人数（人）	人员经费（万元）	其中				津贴补贴人均排序	年津补贴5万元以上的单位（个）	年津补贴4万～5万元以上的单位（个）	年津补贴3万～4万的单位（个）	年津补贴2万～3万的单位（个）	年津补贴2万以下的单位（个）
			基本工资（万元）	人均（万元）	津贴补贴（万元）	人均（万元）						
北京市	20 765	142 813.32	31 120.20	1.50	111 693.12	5.38	5	1	0	0	0	0
上海市	20 108	243 035.18	44 808.45	2.23	198 226.72	9.86	1	1	0	0	0	0
广东省	69 747	496 226.29	126 780.52	1.82	369 445.77	5.30	6	1	0	0	0	0
福建省	40 063	172 507.59	51 725.23	1.29	120 782.36	3.01	9	0	0	1	0	0
江苏省	59 359	420 086.42	89 988.58	1.52	330 097.84	5.56	3	1	0	0	0	0
浙江省	42 867	310 983.83	60 810.98	1.42	250 172.85	5.84	2	1	0	0	0	0
山东省	80 261	331 796.91	117 939.53	1.47	213 857.38	2.66	13	0	0	0	1	0
天津市	15 017	106 712.11	24 112.99	1.61	82 599.12	5.50	4	1	0	0	0	0
辽宁省	51 772	211 528.23	72 269.13	1.40	139 259.10	2.69	12	0	0	0	1	0
东部小计	399 959	2 435 689.88	619 555.62	1.55	1 816 134.26	4.54	0	6	0	1	2	0
黑龙江省	42 624	158 467.99	65 288.53	1.53	93 179.46	2.19	27	0	0	0	1	0
吉林省	31 186	115 035.32	53 451.54	1.71	61 583.78	1.97	30	0	0	0	0	1
海南省	10 425	44 886.71	16 601.92	1.59	28 284.79	2.71	11	0	0	0	1	0
河北省	62 913	247 734.12	101 374.93	1.61	146 359.19	2.33	23	0	0	0	1	0
山西省	43 803	155 496.29	63 505.11	1.45	91 991.18	2.10	28	0	0	0	1	0
河南省	92 773	284 005.75	134 144.82	1.45	149 860.93	1.62	32	0	0	0	0	1
安徽省	42 119	165 588.38	55 580.05	1.32	110 008.33	2.61	15	0	0	0	1	0
湖北省	52 131	214 118.22	76 745.94	1.47	137 372.28	2.64	14	0	0	0	1	0

续表

地区	人数（人）	人员经费（万元）	其中				津贴补贴人均排序	年津补贴5万元以上的单位（个）	年津补贴4万~5万元以上的单位（个）	年津补贴3万~4万的单位（个）	年津补贴2万~3万的单位（个）	年津补贴2万以下的单位（个）
			基本工资（万元）	人均（万元）	津贴补贴（万元）	人均（万元）						
江西省	34 640	120 449.96	50 272.93	1.45	70 177.04	2.03	29	0	0	0	1	0
湖南省	49 570	191 060.23	71 755.41	1.45	119 304.82	2.41	21	0	0	0	1	0
中部小计	462 184	1 696 842.96	688 721.17	1.49	1 008 121.80	2.18	0	0	0	0	8	2
内蒙古自治区	34 202	121 883.83	47 019.07	1.37	74 864.75	2.19	26	0	0	0	1	0
陕西省	35 430	135 195.58	56 847.71	1.60	78 347.87	2.21	25	0	0	0	1	0
宁夏回族自治区	9 318	34 806.12	12 156.17	1.30	22 649.95	2.43	20	0	0	0	1	0
云南省	43 240	160 972.08	51 041.83	1.18	109 930.25	2.54	17	0	0	0	1	0
贵州省	29 281	103 398.03	36 614.43	1.25	66 783.60	2.28	24	0	0	0	1	0
四川省	64 250	242 010.31	79 972.54	1.24	162 037.77	2.52	18	0	0	0	1	0
重庆市	21 442	80 184.94	29 213.11	1.36	50 971.83	2.38	22	0	0	0	1	0
甘肃省	26 958	89 393.73	36 399.02	1.35	52 994.71	1.97	31	0	0	0	0	1
广西壮族自治区	34 765	133 557.70	43 995.05	1.27	89 562.65	2.58	16	0	0	0	1	0
西藏自治区	10 178	55 023.33	16 958.95	1.67	38 064.38	3.74	7	0	0	1	0	0
新疆维吾尔自治区	27 678	107 017.86	38 035.45	1.37	68 982.41	2.49	19	0	0	0	1	0
青海省	9 742	46 841.98	14 751.05	1.51	32 090.93	3.29	8	0	0	1	0	0
新疆生产建设兵团	4 726	19 534.60	6 218.29	1.32	13 316.31	2.82	10	0	0	0	1	0
西部小计	351 210	1 329 820.07	469 222.67	1.34	860 597.41	2.45	0	0	0	2	10	1
总计	1 213 353	5 462 352.92	1 777 499.45	1.46	3 684 853.47	3.04	0	6	0	3	20	3

表 2－4　全国检察机关 2006～2010 年人员经费收入明细表（不含港、澳、台）

地区	人数（人）	人员经费					
		小计（万元）	人员经费占总收入（%）	人均（万元）	其中		
					赃款返还（万元）	年人均赃款返还（万元）	赃款返还占人员经费（%）
北京市	20 765	142 813.32	39.61	6.88	—	0.00	0.00
上海市	20 108	243 035.18	52.54	12.09	—	0.00	0.00
广东省	69 747	496 226.29	44.14	7.11	8 612.04	0.12	1.74
福建省	40 063	172 507.59	43.70	4.31	1 260.30	0.03	0.73
江苏省	59 359	420 086.42	45.31	7.08	7 944.62	0.13	1.89
浙江省	42 867	310 983.83	49.62	7.25	2 722.66	0.06	0.88
山东省	80 261	331 796.91	39.21	4.13	1 849.12	0.02	0.56
天津市	15 017	106 712.11	52.92	7.11	874.81	0.06	0.82
辽宁省	51 772	211 528.23	38.63	4.09	2 811.24	0.05	1.33
东部小计	399 959	2 435 689.88	44.36	6.09	26 074.79	0.07	1.07
黑龙江省	42 624	158 467.99	37.13	3.72	1 488.95	0.03	0.94
吉林省	31 186	115 035.32	26.50	3.69	2 612.47	0.08	2.27
海南省	10 425	44 886.71	31.65	4.31	17.37	0.00	0.04
河北省	62 913	247 734.12	37.89	3.94	968.68	0.02	0.39
山西省	43 803	155 496.29	39.87	3.55	115.70	0.00	0.07
河南省	92 773	284 005.75	33.50	3.06	4 342.29	0.05	1.53
安徽省	42 119	165 588.38	41.28	3.93	5 855.33	0.14	3.54

续表

地区	人数（人）	人员经费					
		小计（万元）	人员经费占总收入（%）	人均（万元）	其中		
					赃款返还（万元）	年人均赃款返还（万元）	赃款返还占人员经费（%）
湖北省	52 131	214 118.22	37.07	4.11	11 018.39	0.21	5.15
江西省	34 640	120 449.96	32.42	3.48	7 492.87	0.22	6.22
湖南省	49 570	191 060.23	33.03	3.85	12 973.69	0.26	6.79
中部小计	462 184	1 696 842.96	35.18	3.67	46 885.74	0.10	2.76
内蒙古自治区	34 202	121 883.83	36.51	3.56	251.93	0.01	0.21
陕西省	35 430	135 195.58	40.70	3.82	565.23	0.02	0.42
宁夏回族自治区	9 318	34 806.12	34.69	3.74	41.30	0.00	0.12
云南省	43 240	160 972.08	36.47	3.72	11.48	0.00	0.01
贵州省	29 281	103 398.03	37.45	3.53	559.38	0.02	0.54
四川省	64 250	242 010.31	37.99	3.77	4 436.41	0.07	1.83
重庆市	21 442	80 184.94	34.07	3.74	810.48	0.04	1.01
甘肃省	26 958	89 393.73	41.27	3.32	62.14	0.00	0.07
广西壮族自治区	34 765	133 557.70	37.31	3.84	1 408.88	0.04	1.05
西藏自治区	10 178	55 023.33	52.80	5.41	14.00	0.00	0.03
新疆维吾尔自治区	27678	107 017.86	39.33	3.87	377.45	0.01	0.35
青海省	9 742	46 841.98	41.32	4.81	—	0.00	0.00
新疆生产建设兵团	4 726	19 534.60	51.11	4.13	130.71	0.03	0.67
西部小计	351 210	1 329 820.07	38.45	3.79	8 669.40	0.02	0.65
总计	1 213 353	5 462 352.92	39.66	4.50	81 629.92	0.07	1.49

黄陂），占 4.88%；3 万～4 万元 21 个单位，占 17.07%；2 万～3 万元 52 个单位，占 42.28%；1 万～2 万元 29 个单位，占 23.58%；1 万元以下的 4 个单位（保康、利川、枣阳、沙洋），占 3.25%。武汉市所属基层院津补贴均在 5 万元以上，69.11% 的基层院津补贴在 3 万元以下，普遍偏低。最高的江汉区院人均 7.66 万元比最低的保康县院人均 0.85 万元高出 6.81 万元，高出 801.18%，最差的保康县院，月平仅有 708 元。2010 年湖北省检察机关人员经费收入数据分析见表 2－5。

（六）与中央垂管单位和政法机关相比差距大

2010 年度湖北省国税局津补贴月人均为 5 700元，而省检察院津补贴月人均仅为 2 646元，是检察机关的 2.15 倍。同期湖北省公、检、法机关年人均收入分别为：厅级干部，公安系统 62 900元，检察系统 61 447元，法院系统 63 065元，检察机关分别低 1 453元、1 618元，同比减少 2.36% 和 2.63%；处级干部，公安系统 54 145元，检察系统 52 045元，法院系统 54 345元，检察机关分别低 2 100元、2 300元，同比减少 4.03% 和 4.42%；科级干部，公安系统 37 024元，检察系统 34 044元，法院系统 37 144元，检察机关分别低 2 980元、3 100元，同比减少 8.75% 和 9.11%；科员及办事员，公安系统 29 223元，检察系统 25 426元，法院系统 29 408元，分别低 3 797元、3 982元，同比减少 14.93% 和 15.66%。

（七）基层检察人员职级待遇低

据对中部湖北抽样调查，2010 年度，武汉市院不同级别年收入分别为：厅（局）级干部 92 170元，处级干部 83 272元，科级干部

表 2－5　2010 年湖北省检察机关人员经费收入数据分析

单位	人数（人）	人员经费（万元）	人均（万元）	其中				年津补贴1万元以下（个）	年津补贴1万～2万元（个）	年津补贴2万～3万元（个）	年津补贴3万～4万元（个）	年津补贴4万～5万元（个）	年津补贴5万～6万元（个）	年津补贴6万～7万元（个）	年津补贴7万～8万元（个）
				基本工资		津贴补贴									
				小计（万元）	人均（万元）	小计（万元）	人均（万元）								
保康县院	60	129.00	2.15	78.00	1.30	51.00	0.85	1	—	—	—	—	—	—	—
利川市院	88	217.60	2.47	140.10	1.59	77.50	0.88	1	—	—	—	—	—	—	—
枣阳市院	129	330.00	2.56	210.00	1.63	120.00	0.93	1	—	—	—	—	—	—	—
沙洋县院	73	151.00	2.07	83.00	1.14	68.00	0.93	1	—	—	—	—		—	—
安陆市院	103	240.00	2.33	133.90	1.30	106.10	1.03	—	1	—	—	—	—	—	—
竹山县院	72	162.29	2.25	86.83	1.21	75.46	1.05	—	1	—	—	—	—	—	—
秭归县院	51	121.83	2.39	67.63	1.33	54.20	1.06	—	1	—	—	—	—	—	—
房县县院	80	218.48	2.73	126.91	1.59	91.57	1.14	—	1	—	—	—	—	—	—
汉江分院	75	280.00	3.73	193.60	2.58	86.40	1.15	—	1	—	—	—	—	—	—
郧西县院	67	165.00	2.46	80.00	1.19	85.00	1.27	—	1	—	—	—	—	—	—
神农架院	43	108.86	2.53	54.18	1.26	54.68	1.27	—	1	—	—	—	—	—	—
五峰县院	41	107.97	2.63	53.40	1.30	54.57	1.33	—	1	—	—	—	—	—	—
兴山县院	41	95.05	2.32	39.66	0.97	55.39	1.35	—	1	—	—	—	—	—	—
咸丰县院	52	149.05	2.87	76.13	1.46	72.92	1.40	—	1	—	—	—	—	—	—
建始县院	64	180.85	2.83	89.91	1.40	90.94	1.42	—	1	—	—	—	—	—	—
来凤县院	53	145.40	2.74	69.30	1.31	76.10	1.44	—	1	—	—	—	—	—	—

续表

单位	人数（人）	人员经费（万元）	人均（万元）	其中				年津补贴1万元以下（个）	年津补贴1万~2万元（个）	年津补贴2万~3万元（个）	年津补贴3万~4万元（个）	年津补贴4万~5万元（个）	年津补贴5万~6万元（个）	年津补贴6万~7万元（个）	年津补贴7万~8万元（个）
				基本工资		津贴补贴									
				小计（万元）	人均（万元）	小计（万元）	人均（万元）								
鄂城区院	74	216.15	2.92	99.03	1.34	117.12	1.58	—	1	—	—	—	—	—	—
大悟县院	94	285.22	3.03	134.57	1.43	150.65	1.60	—	1	—	—	—	—	—	—
监利县院	123	463.27	3.77	265.65	2.16	197.62	1.61	—	1	—	—	—	—	—	—
郧县县院	84	245.74	2.93	109.66	1.31	136.08	1.62	—	1	—	—	—	—	—	—
南漳县院	81	242.21	2.99	110.00	1.36	132.21	1.63	—	1	—	—	—	—	—	—
英山县院	65	176.00	2.71	69.00	1.06	107.00	1.65	—	1	—	—	—	—	—	—
竹溪县院	67	215.72	3.22	105.22	1.57	110.50	1.65	—	1	—	—	—	—	—	—
老河口院	88	313.00	3.56	167.00	1.90	146.00	1.66	—	1	—	—	—	—	—	—
葛洲坝院	25	77.47	3.10	35.06	1.40	42.41	1.70	—	1	—	—	—	—	—	—
京山县院	89	272.95	3.07	121.39	1.36	151.56	1.70	—	1	—	—	—	—	—	—
通城县院	72	294.79	4.09	164.90	2.29	129.89	1.80	—	1	—	—	—	—	—	—
松溪市院	113	414.40	3.67	206.10	1.82	208.30	1.84	—	1	—	—	—	—	—	—
宜都市院	56	171.00	3.05	67.00	1.20	104.00	1.86	—	1	—	—	—	—	—	—
鹤峰县院	52	174.00	3.35	75.00	1.44	99.00	1.90	—	1	—	—	—	—	—	—
随县县院	50	132.40	2.65	35.84	0.72	96.56	1.93	—	1	—	—	—	—	—	—
应城市院	131	442.65	3.38	188.48	1.44	254.17	1.94	—	1	—	—	—	—	—	—

续表

单位	人数（人）	人员经费（万元）	人均（万元）	其中				年津补贴1万元以下（个）	年津补贴1万～2万元（个）	年津补贴2万～3万元（个）	年津补贴3万～4万元（个）	年津补贴4万～5万元（个）	年津补贴5万～6万元（个）	年津补贴6万～7万元（个）	年津补贴7万～8万元（个）
				基本工资		津贴补贴									
				小计（万元）	人均（万元）	小计（万元）	人均（万元）								
天门市院	137	449.00	3.28	177.00	1.29	272.00	1.99	—	1	—	—	—	—	—	—
罗田县院	71	254.00	3.58	112.31	1.58	141.69	2.00	—	—	1	—	—	—	—	—
黄州区院	86	270.50	3.15	95.70	1.11	174.80	2.03	—	—	1	—	—	—	—	—
团风县院	64	258.16	4.03	125.87	1.97	132.29	2.07	—	—	1	—	—	—	—	—
鄂州市院	93	345.42	3.71	151.81	1.63	193.61	2.08	—	—	1	—	—	—	—	—
仙桃市院	130	468.00	3.60	197.00	1.52	271.00	2.08	—	—	1	—	—	—	—	—
长阳县院	54	172.95	3.20	60.20	1.11	112.75	2.09	—	—	1	—	—	—	—	—
远安县院	45	151.03	3.36	56.62	1.26	94.41	2.10	—	—	1	—	—	—	—	—
广水市院	122	442.98	3.63	184.51	1.51	258.47	2.12	—	—	1	—	—	—	—	—
襄樊城郊	33	121.00	3.67	51.00	1.55	70.00	2.12	—	—	1	—	—	—	—	—
宜城市院	98	385.00	3.93	175.00	1.79	210.00	2.14	—	—	1	—	—	—	—	—
襄樊市院	174	680.00	3.91	307.00	1.76	373.00	2.14	—	—	1	—	—	—	—	—
武穴市院	82	330.01	4.02	151.33	1.85	178.68	2.18	—	—	1	—	—	—	—	—
江陵县院	48	151.37	3.15	45.81	0.95	105.56	2.20	—	—	1	—	—	—	—	—
沙市区院	100	345.00	3.45	123.00	1.23	222.00	2.22	—	—	1	—	—	—	—	—
黄梅县院	140	487.00	3.48	174.00	1.24	313.00	2.24	—	—	1	—	—	—	—	—

续表

单位	人数（人）	人员经费（万元）	人均（万元）	其中				年津补贴1万元以下（个）	年津补贴1万~2万元（个）	年津补贴2万~3万元（个）	年津补贴3万~4万元（个）	年津补贴4万~5万元（个）	年津补贴5万~6万元（个）	年津补贴6万~7万元（个）	年津补贴7万~8万元（个）
				基本工资		津贴补贴									
				小计（万元）	人均（万元）	小计（万元）	人均（万元）								
汉川市院	132	531.50	4.03	233.60	1.77	297.90	2.26	—	—	1	—	—	—	—	—
石首市院	97	368.00	3.79	149.00	1.54	219.00	2.26	—	—	1	—	—	—	—	—
谷城县院	85	321.00	3.78	129.00	1.52	192.00	2.26	—	—	1	—	—	—	—	—
云梦县院	78	287.30	3.68	110.16	1.41	177.14	2.27	—	—	1	—	—	—	—	—
宣恩县院	50	206.30	4.13	92.63	1.85	113.67	2.27	—	—	1	—	—	—	—	—
巴东县院	65	220.88	3.40	72.65	1.12	148.23	2.28	—	—	1	—	—	—	—	—
樊城区院	84	324.00	3.86	132.00	1.57	192.00	2.29	—	—	1	—	—	—	—	—
钟祥市院	100	376.78	3.77	148.04	1.48	228.74	2.29	—	—	1	—	—	—	—	—
阳新县院	111	440.89	3.97	185.56	1.67	255.33	2.30	—	—	1	—	—	—	—	—
掇刀区院	36	112.94	3.14	30.10	0.84	82.84	2.30	—	—	1	—	—	—	—	—
点军区院	27	93.03	3.45	30.51	1.13	62.52	2.32	—	—	1	—	—	—	—	—
荆门市院	117	428.33	3.66	155.87	1.33	272.46	2.33	—	—	1	—	—	—	—	—
丹江口院	87	335.30	3.85	131.00	1.51	204.30	2.35	—	—	1	—	—	—	—	—
红安县院	129	462.17	3.58	159.24	1.23	302.93	2.35	—	—	1	—	—	—	—	—
张湾区院	88	299.78	3.41	92.92	1.06	206.86	2.35	—	—	1	—	—	—	—	—
当阳市院	62	226.00	3.65	80.00	1.29	146.00	2.35	—	—	1	—	—	—	—	—

续表

单位	人数（人）	人员经费（万元）	人均（万元）	其中				年津补贴1万元以下（个）	年津补贴1万~2万元（个）	年津补贴2万~3万元（个）	年津补贴3万~4万元（个）	年津补贴4万~5万元（个）	年津补贴5万~6万元（个）	年津补贴6万~7万元（个）	年津补贴7万~8万元（个）
				基本工资		津贴补贴									
				小计（万元）	人均（万元）	小计（万元）	人均（万元）								
崇阳县院	66	259.70	3.93	103.83	1.57	155.87	2.36	—	—	1	—	—	—	—	—
孝昌县院	61	216.00	3.54	71.49	1.17	144.51	2.37	—	—	1	—	—	—	—	—
洪湖市院	97	336.53	3.47	105.37	1.09	231.16	2.38	—	—	1	—	—	—	—	—
枝江县院	60	215.70	3.60	71.80	1.20	143.90	2.40	—	—	1	—	—	—	—	—
恩施市院	95	353.42	3.72	124.00	1.31	229.42	2.41	—	—	1	—	—	—	—	—
东宝区院	68	313.00	4.60	148.00	2.18	165.00	2.43	—	—	1	—	—	—	—	—
江北地区	28	90.00	3.21	21.00	0.75	69.00	2.46	—	—	1	—	—	—	—	—
梁子湖院	27	97.00	3.59	30.00	1.11	67.00	2.48	—	—	1	—	—	—	—	—
夷陵区院	60	218.40	3.64	69.30	1.16	149.10	2.49	—	—	1	—	—	—	—	—
潜江市院	106	409.77	3.87	146.23	1.38	263.54	2.49	—	—	1	—	—	—	—	—
荆州区院	76	286.19	3.77	92.79	1.22	193.40	2.54	—	—	1	—	—	—	—	—
大冶市院	130	514.26	3.96	171.76	1.32	342.50	2.63	—	—	1	—	—	—	—	—
麻城市院	107	433.00	4.05	151.00	1.41	282.00	2.64	—	—	1	—	—	—	—	—
通山县院	64	295.69	4.62	120.01	1.88	175.68	2.75	—	—	1	—	—	—	—	—
嘉鱼县院	63	261.77	4.16	88.52	1.41	173.25	2.75	—	—	1	—	—	—	—	—
恩施州院	108	426.18	3.95	124.50	1.15	301.68	2.79	—	—	1	—	—	—	—	—

续表

单位	人数（人）	人员经费（万元）	人均（万元）	其中				年津补贴1万元以下（个）	年津补贴1万~2万元（个）	年津补贴2万~3万元（个）	年津补贴3万~4万元（个）	年津补贴4万~5万元（个）	年津补贴5万~6万元（个）	年津补贴6万~7万元（个）	年津补贴7万~8万元（个）
				基本工资		津贴补贴									
				小计（万元）	人均（万元）	小计（万元）	人均（万元）								
华容区院	40	164.19	4.10	52.00	1.30	112.19	2.81	—	—	1	—	—	—	—	—
浠水县院	110	481.00	4.37	171.00	1.55	310.00	2.82	—	—	1	—	—	—	—	—
蕲春县院	99	575.30	5.81	295.00	2.98	280.30	2.83	—	—	1	—	—	—	—	—
襄城区院	118	501.28	4.25	162.19	1.37	339.09	2.87	—	—	1	—	—	—	—	—
伍家岗院	45	198.35	4.41	65.60	1.46	132.75	2.95	—	—	1	—	—	—	—	—
沙洋地区	42	164.97	3.93	36.66	0.87	128.31	3.06	—	—	—	1	—	—	—	—
随州市院	84	379.13	4.51	121.71	1.45	257.42	3.06	—	—	—	1	—	—	—	—
公安县院	107	500.78	4.68	171.20	1.60	329.58	3.08	—	—	—	1	—	—	—	—
襄阳区院	121	576.05	4.76	202.73	1.68	373.32	3.09	—	—	—	1	—	—	—	—
宜昌市院	150	649.45	4.33	185.34	1.24	464.11	3.09	—	—	—	1	—	—	—	—
黄石市院	142	617.20	4.35	177.32	1.25	439.88	3.10	—	—	—	1	—	—	—	—
十堰市院	142	634.19	4.47	192.56	1.36	441.63	3.11	—	—	—	1	—	—	—	—
曾都区院	50	244.25	4.89	87.12	1.74	157.13	3.14	—	—	—	1	—	—	—	—
三峡坝院	37	161.21	4.36	44.72	1.21	116.49	3.15	—	—	—	1	—	—	—	—
赤壁市院	75	425.00	5.67	180.16	2.40	244.84	3.26	—	—	—	1	—	—	—	—
咸安区院	105	480.50	4.58	135.10	1.29	345.40	3.29	—	—	—	1	—	—	—	—

续表

单位	人数（人）	人员经费（万元）	人均（万元）	其中 基本工资 小计（万元）	基本工资 人均（万元）	津贴补贴 小计（万元）	津贴补贴 人均（万元）	年津补贴1万元以下（个）	年津补贴1万~2万元（个）	年津补贴2万~3万元（个）	年津补贴3万~4万元（个）	年津补贴4万~5万元（个）	年津补贴5万~6万元（个）	年津补贴6万~7万元（个）	年津补贴7万~8万元（个）
孝感市院	110	548.87	4.99	177.63	1.61	371.24	3.37	—	—	—	1	—	—	—	—
黄石港院	47	221.80	4.72	61.68	1.31	160.12	3.41	—	—	—	1	—	—	—	—
湖北省院	392	1 992.77	5.08	632.71	1.61	1 360.06	3.47	—	—	—	1	—	—	—	—
下陆区院	37	175.97	4.76	44.36	1.20	131.61	3.56	—	—	—	1	—	—	—	—
孝南区院	140	682.00	4.87	182.00	1.30	500.00	3.57	—	—	—	1	—	—	—	—
茅箭区院	68	334.07	4.91	88.88	1.31	245.19	3.61	—	—	—	1	—	—	—	—
西塞山院	47	289.33	6.16	113.40	2.41	175.93	3.74	—	—	—	1	—	—	—	—
荆州市院	154	814.03	5.29	221.32	1.44	592.71	3.85	—	—	—	1	—	—	—	—
黄冈市院	126	662.83	5.26	171.51	1.36	491.32	3.90	—	—	—	1	—	—	—	—
咸宁市院	109	612.67	5.62	179.19	1.64	433.48	3.98	—	—	—	1	—	—	—	—
铁山区院	29	157.40	5.43	38.00	1.31	119.40	4.12	—	—	—	—	1	—	—	—
江夏区院	101	579.72	5.74	158.65	1.57	421.07	4.17	—	—	—	—	1	—	—	—
虎亭区院	23	124.02	5.39	28.02	1.22	96.00	4.17	—	—	—	—	1	—	—	—
西陵区院	56	307.16	5.49	67.03	1.20	240.13	4.29	—	—	—	—	1	—	—	—
汉南区院	45	247.50	5.50	54.50	1.21	193.00	4.29	—	—	—	—	1	—	—	—
黄陂区院	99	605.00	6.11	130.00	1.31	475.00	4.80	—	—	—	—	1	—	—	—

续表

单位	人数（人）	人员经费（万元）	人均（万元）	其中				年津补贴1万元以下（个）	年津补贴1万~2万元（个）	年津补贴2万~3万元（个）	年津补贴3万~4万元（个）	年津补贴4万~5万元（个）	年津补贴5万~6万元（个）	年津补贴6万~7万元（个）	年津补贴7万~8万元（个）
				基本工资		津贴补贴									
				小计（万元）	人均（万元）	小计（万元）	人均（万元）								
汉阳区院	102	678.02	6.65	133.39	1.31	544.63	5.34	—	—	—	—	—	1	—	—
蔡甸区院	97	721.00	7.43	201.00	2.07	520.00	5.36	—	—	—	—	—	1	—	—
东西湖院	71	510.17	7.19	98.04	1.38	412.13	5.80	—	—	—	—	—	1	—	—
新洲区院	98	760.20	7.76	165.20	1.69	595.00	6.07	—	—	—	—	—	—	1	—
洪山区院	106	772.00	7.28	119.00	1.12	653.00	6.16	—	—	—	—	—	—	1	—
硚口区院	128	996.10	7.78	164.80	1.29	831.30	6.49	—	—	—	—	—	—	1	—
青山区院	98	807.00	8.23	120.00	1.22	687.00	7.01	—	—	—	—	—	—	—	1
武昌区院	135	1 128.54	8.36	181.34	1.34	947.20	7.02	—	—	—	—	—	—	—	1
江岸区院	125	1 072.64	8.58	169.65	1.36	902.99	7.22	—	—	—	—	—	—	—	1
武汉市院	405	3 980.00	9.83	1 004.40	2.48	2 975.60	7.35	—	—	—	—	—	—	—	1
江汉区院	133	1 300.49	9.78	281.70	2.12	1 018.79	7.66	—	—	—	—	—	—	—	1
合计	10 945	49 845.73	4.55	16 564.30	1.51	33 281.43	3.04	4	29	52	21	6	3	3	5

注：不含武汉市经济开发区院。

54 470元，科员及办事员40 681元，77 个基层院中处级干部102 人，科级干部 1 848人，科员及办事员 4 846人，分别占全省总人数的0. 93%、16. 84%、44. 15%，其年人均处级干部46 840元，科级干部32 341元，科员及办事员 24 154元，与武汉市同级别人员相比，年人均相差处级干部36 432元、科级干部22 129元、科员及办事员16 527元，分别相差0. 78 倍、0. 68 倍和0. 68 倍，基层人员多，级别低，收入少。2010 年湖北省检察机关工资对比分析见表2 –6。

表 2 –6　2010 年湖北省检察机关工资对比分析

单位 金额 级别	武汉市院（元）	77 个基层院（元）	武汉市院与77 个基层院的差额（元）	差额（%）
厅级干部	92 170. 00	55 302. 00	36 868. 00	67
处级干部	83 272. 00	46 840. 00	36 432. 00	78
科级干部	54 470. 00	32 341. 00	22 129. 00	68
科员及办事员	40 681. 00	24 154. 00	16 527. 00	68

二、影响及危害

人员经费保障差距大，尤其是基层人员待遇低对落实检察工作科学发展，公正廉洁执法等，均在一定程度上带来不良影响，主要表现在以下几点。

（一）人才引进难

检察机关职业准入门槛高与工资福利待遇低的矛盾突出，特别是基层检察院，由于地方财力有限，人员经费得不到保障，直接影响人才引进难。由于经济欠发达，待遇低，高素质的法律专业人才不愿意去。以湖北省为例：2006～2007年，省院与省人事厅两次组织全省检察机关统一招录人员考试，均未完成预定招录人员计划。咸宁市检察机关计划招录15人，因报名人员不足，实际仅招录3人。许多院为了应急，在不降低“硬件”条件的情况下，不得不在招录人员的内在素质上打折扣。

（二）留住人才难

由于检察机关工资待遇低，专业性强，流动性小，特别是在市场经济条件下，检察机关行业内形成人才恶性竞争，检察官流失较为严重。东部地区由于待遇高，在全国公开招录人才，致使中西部地区优秀人才主要流向东部沿海经济发达地区或从事律师职业，形成东部地区淘挖中西部人才，人才恶性竞争，无序流动的局面。据对我省统计，2006年以来，全省各级院共调出、辞职367人，其中，外单位和本人联系调出以及辞职的138人，占37.6%。这部分人员中，外单位和本人联系调出121人，辞职17人；调往上级机关和单位（不含本级党政机关）22人；调往沿海地区13人；年龄不到40岁的121人，占87.7%；大学本科和研究生以上的75人，占54.34%；检察官94人，占68.1%。如襄阳市，2007年以来全市共有17名检察官调出或辞职，南漳县院、枣阳市院2007年以来千方百计引进的7名选调生，如今仍留在原单位的只有2人，用完“优惠政策”后就另有高就。

（三）安心基层难

由于检察机关工资、津贴待遇地区差异大，同工不同酬，造成很多干警心里不平衡，特别是在基层，职级待遇低，有不少干警工作一辈子，退休时还是科员级干部。即使晋升了检察官等级，工资、津补贴待遇仍难以解决。人员经费有时不能按时拨付，且各种捐助活动频繁，有的家属下岗，干警被迫为生计操心，一个工作近20年的县级检察员，每月所有收入只有1 800元，需要养活一家老小，生活十分困难。难免会产生一些情绪，影响到其他年轻同志，不利于检察机关的稳定和发展。

三、缺陷及根源

（一）人员经费保障模式有缺陷

2006年，国家颁布实施的公务员法，标志着公务员的工资分配步入规范化、法制化的轨道，特别是2006年工资制度改革以后，规范了各项津补贴，在一定程度上缓解了长期以来分配不公，差异较大，秩序混乱的局面。但没有考虑到检察人员属于国家执法类人员，其与国家综合类公务员有着本质不同的属性。目前，检察机关的个人工资待遇仍实行的是公务员法的规定，现有的检察官津贴只是以辅助的形式计入个人待遇。既受行政职级数的限制，又受当地津补贴不平衡的制约，造成检察官晋级津补贴待遇空挂，“从优待警”的政策成为一句空话。

（二）分级保障有错位

这次司法体制改革明确规定：现行政法机关的经费保障体制为“明确责任、分类负担、收支脱钩、全额保障”，其中人员经费由同级财政负担。实质上进一步强化了传统分级保障模式，使人员经费保障不平衡、差距大的矛盾未能得到化解。目前，全国检察机关按分级负担、分级负责的体制有3 759个单位，形成了3 759个保障标准，这种传统体制加剧了保障的不平衡性、不协调性，阻碍了均等化保障模式的形成。比如，津补贴全国最高的广东省罗湖区院，年人均高达11.7万元，而山西省永和县院年人均津补贴仅为0.11万元，两者相差106倍。因此，现行人员经费由同级财政承担的改革模式，基层干警反映，现行的保障模式与传统的保障模式没有两样，事实上是“换汤不换药”，基层干警没有得到应有的实惠。有的反映改革只是在传统的保障体制上修修补补，仅仅加大了公用经费的保障力度，原先设想的改革“使人往基层走，让干警得实惠”的思路落了空。

（三）与检察官法配套的人员经费保障体系缺位

依检察官法的规定，检察官享受国家规定的检察津贴、地区津贴、共他津贴以及保险和福利待遇。现行的检察人员经费保障模式仍然是按公务员法的规定执行，按照司法体制改革的要求，没有建立区别于公务员的检察职务序列和职数比例；没有建立不同于一般公务员的工资、津贴和待遇标准；也没有体现鼓励干警和高素质人员到基层和经济欠发达地区工作的激励机制。同时，与公安执行的警察序列不匹配，与中央垂管单位的保障体制更是不协调，导致同工不同酬，基层干警待遇低，行业人员待遇差距大，长期困扰基层队伍稳定的问题没有得到解决。

四、对策及建议

检察机关人员经费应建立同公务员法相衔接、体现检察官法规范管理要求的检察人员工资、津补贴等相对均等化保障的待遇标准，建立鼓励干警到基层、到贫困地区工作的激励机制。

（一）认真贯彻落实中央司法体制改革的文件精神

中发［2008］19号《中共中央转发〈中央政法委员会关于深化司法体制和工作机制改革若干问题的意见〉的通知》明确规定："完善政法干警工资和职业保障制度，制定和政法干警职业特点相适应特别是有利于稳定基层执法队伍的工资政策。"周永康同志2008年2月9日在深化司法体制改革调研工作座谈会上指出："要建立区别于一般公务员的政法机关职务序列和职数比例，完善司法人员职业保障制度，稳定一线执法人员，充分调动基层政法干警的积极性。"我们一定要从推进中国特色社会主义政法检察制度，提高政法检察队伍战斗力的高度，全面落实"从优待警"，充实基层、加强基层工作，促进管理创新、制度创新、机制创新；从建立健全中国特色社会主义均等化的政法保障体制的高度，切实增强贯彻落实中央关于改革完善政法检察经费保障政策精神，着力破解传统保障体制障碍，突破困扰基层保障待遇机制性束缚，进行顶层制度设计，强化工作措施，有序推进改革举措的落实。

（二）建立检察人员职务序列等级，确立有别于综合类公务员的工资标准

比照国务院办公厅［2008］9号《关于规范公安机关人民警察职务序列的意见》，将检察人员职务序列分为检察官类、检察辅助人员类、专业技术类、综合管理类，按照不同类别的对应关系，解决检察人员职级晋升和工资待遇问题。如表2－7、表2－8所示。

表 2－7　检察机关人员经费标准构想

综合管理类公务员职务层次	级别	检察官等级
国家级正职	1	
国家级副职	2	首席大检察官
国家级副职	3	首席大检察官、一级大检察官
国家级副职、省部级正职	4	一级大检察官、二级大检察官
省部级正职	5	一级大检察官、二级大检察官
省部级正职、省部级副职	6	一级大检察官、二级大检察官、一级高级检察官
省部级正职、省部级副职	7	一级大检察官、二级大检察官、一级高级检察官、二级高级检察官
省部级正职、省部级副职、厅局级正职	8	一级大检察官、二级大检察官、一级高级检察官、二级高级检察官
省部级副职、厅局级正职	9	一级高级检察官、二级高级检察官、三级高级检察官
省部级副职、厅局级正职、厅局级副职	10	一级高级检察官、二级高级检察官、三级高级检察官、四级高级检察官
省部级副职、厅局级正职、厅局级副职	11	二级高级检察官、三级高级检察官、四级高级检察官、一级检察官
厅局级正职、厅局级副职、县处级正职	12	二级高级检察官、三级高级检察官、四级高级检察官、一级检察官
厅局级正职、厅局级副职、县处级正职	13	三级高级检察官、四级高级检察官、一级检察官
厅局级副职、县处级正职、县处级副职	14	三级高级检察官、四级高级检察官、一级检察官、二级检察官
厅局级副职、县处级正职、县处级副职	15	三级高级检察官、四级高级检察官、一级检察官、二级检察官
县处级正职、县处级副职、乡科级正职	16	四级高级检察官、一级检察官、二级检察官、三级检察官
县处级正职、县处级副职、乡科级正职、乡科级副职	17	四级高级检察官、一级检察官、二级检察官、三级检察官、四级检察官
县处级正职、县处级副职、乡科级正职、乡科级副职、科员	18	四级高级检察官、一级检察官、二级检察官、三级检察官、四级检察官、五级检察官
县处级副职、乡科级正职、乡科级副职、科员、办事员	19	一级检察官、二级检察官、三级检察官、四级检察官、五级检察官
县处级副职、乡科级正职、乡科级副职、科员、办事员	20	一级检察官、二级检察官、三级检察官、四级检察官、五级检察官
乡科级正职、乡科级副职、科员、办事员	21	二级检察官、三级检察官、四级检察官、五级检察官
乡科级正职、乡科级副职、科员、办事员	22	二级检察官、三级检察官、四级检察官、五级检察官
乡科级副职、科员、办事员	23	三级检察官、四级检察官、五级检察官
乡科级副职、科员、办事员	24	三级检察官、四级检察官、五级检察官
科员、办事员	25	四级检察官、五级检察官
科员、办事员	26	五级检察官
办事员	27	

表 2-8　检察机关人员经费标准构想

综合管理类公务员职务层次	级别	书记官、书记员
国家级正职	1	
国家级副职	2	
国家级副职	3	
国家级副职、省部级正职	4	
省部级正职	5	
省部级正职、省部级副职	6	
省部级正职、省部级副职	7	
省部级正职、省部级副职、厅局级正职	8	
省部级副职、厅局级正职	9	
省部级副职、厅局级正职、厅局级副职	10	
省部级副职、厅局级正职、厅局级副职	11	
厅局级正职、厅局级副职、县处级正职	12	一级书记官
厅局级正职、厅局级副职、县处级正职	13	一级书记官
厅局级副职、县处级正职、县级处副职	14	一级书记官、二级书记官
厅局级副职、县处级正职、县级处副职	15	一级书记官、二级书记官
县处级正职、县级处副职、乡科级正职	16	一级书记官、二级书记官、三级书记官
县处级正职、县级处副职、乡科级正职、乡科级副职	17	一级书记官、二级书记官、三级书记官、四级书记官
县处级正职、县级处副职、乡科级正职、乡科级副职、科员	18	一级书记官、二级书记官、三级书记官、四级书记官、一级书记员、二级书记员
县级处副职、乡科级正职、乡科级副职、科员、办事员	19	二级书记官、三级书记官、四级书记官、一级书记员、二级书记员、三级书记员
县级处副职、乡科级正职、乡科级副职、科员、办事员	20	二级书记官、三级书记官、四级书记官、一级书记员、二级书记员、三级书记员
乡科级正职、乡科级副职、科员、办事员	21	三级书记官、四级书记官、一级书记员、二级书记员、三级书记员
乡科级正职、乡科级副职、科员、办事员	22	三级书记官、四级书记官、一级书记员、二级书记员、三级书记员
乡科级副职、科员、办事员	23	四级书记官、一级书记员、二级书记员、三级书记员
乡科级副职、科员、办事员	24	一级书记员、二级书记员、三级书记员
科员、办事员	25	二级书记员、三级书记员
科员、办事员	26	二级书记员、三级书记员

这样，基层检察长工作满 36 年后，最高可享受正厅（局）级待遇，基层一般检察官工作满 36 年后，最高可享受正、副厅（局）或正处级待遇；书记官工作满 36 年后，最高可享受副厅（局）级待遇，书记员工作满 36 年后，最高可享受正处级待遇。检察官职务等

级与工资挂钩，较好地解决了同工不同酬，职务职级不挂钩，检察人员待遇空挂的问题，从而有利于吸纳人才、留住人才，夯实基层，促进检察事业可持续发展。

（三）统一规范地区性津补贴标准

针对现实津补贴差距大的矛盾，建议将现有的3 759个津补贴标准，调整改革为以省级单位相对统一规范的津补贴标准体系，市县级人员津补贴标准比照省会城市标准执行。取消市、县两级同级财政保障体制，从而破解市、县两级财力不足，保障标准不统一，保障政策不落实等突出问题，从人员津补贴政策上确立人往基层走，重心下移的保障新体制、新机制、新途径。

（四）加大中央和省转移支付力度，逐步建立全国检察人员均等化的津补贴标准

针对中、西部津补贴保障标准与东部标准差距大的实际问题，建议以东部地区2006～2010年人员津补贴年人均4.54万元为基准，调整中、西部人员津补贴保障标准，并以5年为限，逐步调整到位。据统计，全国尚有26个省（自治区）年人均津补贴未达到东部4.54万元的标准，按此计算，5年共需增加津补贴42.6亿元，年均增加8.52亿元，其经费来源按中央、省转移支付的办法，各负担50%，切实解决津补贴待遇不平衡的问题。

公用经费篇

关于检察机关公用经费保障情况调研分析报告

【提要】公用经费保障是全面、深入、有效履行法律监督职能的重要条件。“十二五”时期，检察机关公用经费保障应纳入国家公共财政均等化统一保障体制内，完善检察公用经费保障标准体系，建立与经济社会发展相适应的正常公用经费增长机制，切实保障检察机关自身发展和充分履行法律监督职能，有力地维护法制统一和司法公正。

根据高检院的调研要求，我们对全国检察机关公用经费保障情况进行了调研分析，现报告如下。

一、基本情况及特点

（一）公用经费收入与支出逐年增加

2006～2010年全国检察机关（含各省、市、自治区、新疆生产建设兵团，不含最高人民检察院本级，下同）公用经费总收入分别为81.79亿元、97.82亿元、99.26亿元、120.69亿元、135.46亿元，年均增长率为13.72%；公用经费总支出分别为70.87亿元、

96.52亿元、105.88亿元、118.66亿元、137.85亿元，年均增长率为18.53%。2006～2010年全国检察机关公用经费收支数据分析见表3－1。

表3－1　2006～2010年全国检察机关公用经费收支数据分析（不含港、澳、台）

年度	人数（人）	公用经费收入（万元）	增长率（%）	公用经费支出（万元）	增长率（%）
2006年	217 736	817 955.50	0.00	708 750.29	18.94
2007年	238 240	978 228.58	19.59	965 279.08	36.19
2008年	242 981	992 673.36	1.48	1 058 853.54	9.69
2009年	253 513	1 206 924.69	21.58	1 186 657.42	12.07
2010年	260 882	1 354 590.24	12.23	1 378 563.54	16.17
合计	1 213 352	5 350 372.36	13.72	5 298 103.87	18.53

（二）公用经费收入与支出结构相对稳定

从全国检察机关2006～2010年情况来看：公用经费总收入中，日常公用经费收入占48.5%，业务经费收入占51.5%。公用经费总支出中，日常公用经费支出占46.2%，业务经费支出占53.8%。从东中西部情况来看：公用经费总收入中，东部日常公用经费收入占50.4%，业务经费收入占49.6%；中部日常公用经费收入占45.4%，业务经费收入占54.6%；西部日常公用经费收入占50.6%，业务经费收入占49.4%。公用经费总支出中，东部日常公用经费支出占46.9%，业务经费支出占53.1%；中部公用经费支出占44.3%，业务经费支出占55.7%；西部日常公用经费支出占47.9%，业务经费支出占52.1%。总体看，公用经费的收支结构大体保持平衡，但在日常公用经费收入与支出中，东部与西部地区收入占比超过50%，但支出占比低于50%。2006～2010年全国检察机关公用经费收支数据分析见表3－2。

表 3－2　2006～2010 年全国检察机关公用经费收支数据分析（不含港、澳、台）

地区	公用经费收入					公用经费支出				
	小计（万元）	日常公用经费收入（万元）	占公用经费收入（%）	检察业务经费收入（万元）	占公用经费收入（%）	小计（万元）	日常公用经费支出（万元）	占公用经费支出（%）	检察业务费支出（万元）	占公用经费支出（%）
北京市	118 167.31	58 245.19	49.29	59 922.12	50.71	118 294.12	51 775.67	43.77	66 518.45	56.23
上海市	172 811.95	97 737.88	56.56	75 074.07	43.44	187 658.40	90 836.02	48.40	96 822.38	51.60
广东省	433 527.79	224 577.45	51.80	208 950.34	48.20	461 210.95	218 968.88	47.48	242 242.07	52.52
福建省	136 101.97	67 714.39	49.75	68 387.58	50.25	135 705.12	65 185.43	48.03	70 519.69	51.97
江苏省	302 760.50	154 614.98	51.07	148 145.52	48.93	311 524.77	150 764.45	48.40	160 760.32	51.60
浙江省	214 537.21	116 802.11	54.44	97 735.10	45.56	207 449.83	104 800.25	50.52	102 649.58	49.48
山东省	295 717.38	105 961.04	35.83	189 756.34	64.17	292 772.39	102 765.69	35.10	190 006.70	64.90
天津市	55 809.20	34 487.40	61.80	21 321.80	38.20	53 598.05	32 447.47	60.54	21 150.58	39.46
辽宁省	211 320.20	118 763.83	56.20	92 556.37	43.80	208 245.71	108 741.50	52.22	99 504.21	47.78
东部小计	1 940 753.51	978 904.27	50.44	961 849.24	49.56	1 976 459.34	926 285.36	46.87	1 050 173.98	53.13
黑龙江省	186 290.09	102 251.74	54.89	84 038.35	45.11	187 389.55	94 658.12	50.51	92 731.43	49.49
吉林省	237 273.30	89 484.92	37.71	147 788.38	62.29	207 498.95	86 181.38	41.53	121 317.57	58.47
海南省	64 059.64	20 953.96	32.71	43 105.68	67.29	58 773.77	21 401.74	36.41	37 372.03	63.59
河北省	239 007.24	112 972.15	47.27	126 035.09	52.73	236 106.86	104 431.26	44.23	131 675.60	55.77
山西省	147 526.70	73 631.10	49.91	73 895.60	50.09	142 960.78	66 264.44	46.35	76 696.34	53.65
河南省	378 478.24	159 334.23	42.10	219 144.01	57.90	353 914.84	145 350.01	41.07	208 564.83	58.93
安徽省	136 116.11	56 299.32	41.36	79 816.79	58.64	134 659.40	50 779.24	37.71	83 880.16	62.29

续表

地区	公用经费收入					公用经费支出				
	小计（万元）	日常公用经费收入（万元）	占公用经费收入（%）	检察业务经费收入（万元）	占公用经费收入（%）	小计（万元）	日常公用经费支出（万元）	占公用经费支出（%）	检察业务费支出（万元）	占公用经费支出（%）
湖北省	224 848.60	112 415.41	50.00	112 433.19	50.00	225 584.99	104 850.14	45.48	120 734.85	53.52
江西省	188 167.61	93 149.58	49.50	95 018.03	50.50	177 472.40	87 877.85	49.52	89 594.55	50.48
湖南省	271 010.30	121 209.63	44.73	149 800.67	55.27	278 564.29	126 384.07	45.37	152 180.22	54.63
中部小计	2 072 777.83	941 702.04	45.43	1 131 075.79	54.57	2 002 925.83	888 178.25	44.34	1 114 747.58	55.66
内蒙古自治区	122 482.26	49 480.54	40.40	73 001.72	59.60	101 416.47	38 477.41	37.94	62 939.06	62.06
陕西省	138 138.42	91 483.93	66.23	46 654.50	33.77	143 596.97	88 068.56	61.33	55 528.40	38.67
宁夏回族自治区	31 813.46	11 227.74	35.29	20 585.72	64.71	30 416.99	10 814.46	35.55	19 602.53	64.45
云南省	161 575.82	72 154.68	44.66	89 421.14	55.34	169 845.46	73 246.76	43.13	96 598.70	56.87
贵州省	122 072.92	58 880.82	48.23	63 192.10	51.77	115 508.37	56 644.79	49.04	58 863.58	50.96
四川省	260 764.03	132 758.53	50.91	128 005.50	49.09	268 948.21	126 799.99	47.15	142 148.22	52.85
重庆市	113 818.12	48 736.21	42.82	65 081.91	57.18	110 182.26	43 383.98	39.37	66 798.28	60.63
甘肃省	79 067.02	51 953.65	65.71	27 113.37	34.29	81 184.71	47 632.24	58.67	33 552.47	41.33
广西壮族自治区	129 014.28	53 768.90	41.68	75 245.38	58.32	125 519.95	46 740.43	37.24	78 779.52	62.76
西藏自治区	41 577.84	29 198.25	70.23	12 379.59	29.77	40 866.34	28 317.98	69.29	12 548.36	30.71
新疆维吾尔自治区	92 125.28	47 567.82	51.63	44 557.46	48.37	80 809.39	41 760.08	51.68	39 049.31	48.32
青海省	35 138.68	21 522.19	61.25	13 616.49	38.75	36 757.18	19 802.42	53.87	16 954.76	46.13
新疆生产建设兵团	9 252.88	7 249.09	78.34	2 003.79	21.66	13 666.41	9 690.29	70.91	3 976.12	29.09
西部小计	1 336 841.02	675 982.35	50.57	660 858.67	49.43	1 318 718.71	631 379.39	47.88	687 339.32	52.12
总　　计	5 350 372.36	2 596 588.67	48.53	2 753 783.69	51.47	5 298 103.87	2 445 843.00	46.16	2 852 260.88	53.84

（三）中央和省级转移支付投入力度大

以湖北省为例，2006~2010年中央专项补助检察办案业务专款1.96亿元，省配套转移支付1.85亿元，两项占公用经费总收入的16.9%。司法体制改革后力度更大，2009~2010年两年间，中央补助办案专款1.45亿元，省配套转移支付办案经费0.9亿元，共计2.35亿元，占公用经费总收入的22.6%，全省人均1.09万元，其中最高的秭归县院，年人均1.43万元。

（四）县级公用经费保障标准执行情况较好

全国32个省（自治区、直辖市、兵团）公用经费保障标准基本落实到位。据对湖北省调查，2006年省检察院会同省财政厅制定下发了《湖北省县级人民检察院公用经费保障标准》，截至2010年年底，76个明确公用经费保障标准的基层院全部落实；未明确保障标准的33个市辖区公用经费保障水平有所提高。

（五）公用经费管理得到加强

检察机关认真贯彻执行中央和国务院“收支两条线”的规定，不断规范财务管理，暂扣款进入财政专户监管，赃款全额上缴；适时会同财政部门开展专项检查，纠正和防止坐收坐支、挪用赃款和私设“小金库”等问题。公用经费保障状况的改善，为检察事业发展提供了有利条件。

二、问题及表现

尽管检察机关公用经费保障力度逐步加大，却仍然存在体制性障碍、机制性困扰，检察公用经费保障体制同检察业务快速发展不相适应，传统公用经费保障机制同日益繁重的工作任务不相适应，现行检察公用经费保障整体水平同国家公共财政均等化统一保障的现代管理要求不相适应的矛盾仍然存在。主要表现在以下几点。

（一）公用经费保障水平不平衡

一是东中西部保障水平差距大。据对全国32个省（自治区、直辖市、兵团）检察机关2006～2010年公用经费情况统计，东部9个省（直辖市）人均收入4.85万元，中部10个省人均收入4.48万元，西部13个省（自治区、兵团）人均收入3.81万元，西部比东中部年人均分别低1.04万元和0.67万元。按东中西部保障水平比，在公用经费保障排前10名的省份中，东部地区5个，中部地区4个，西部地区仅1个。东部比中部人均收入高0.37万元，高出8.2%，比西部人均收入高1.04万元，高出27.3%，中部比西部人均收入高0.67万元，高出17.6%。按区域高低类别比，东部最高的上海市人均收入8.59万元，比中部最低的安徽省3.23万元高5.36万元，高出165.9%，比西部最低的新疆生产建设兵团1.96万元高6.63万元，高出338.3%。二是省区之间公用经费保障差距大。公用经费收入人均7万元以上的仅上海和吉林2个省，占6.25%；人均5万～7万元的有8个省（包括北京、广东、江苏、浙江、海南、江西、湖南、重庆），占25%；人均3万～5万元的有20个（福建、山东、天津、辽宁、黑龙江、河北、山西、河南、安徽、湖北、内蒙、陕西、宁夏、云南、贵州、四川、广西、西藏、新疆、青海）占62.5%；人均1万～3万元的有甘肃、新疆生产建设兵团2个，占6.25%。三是省内县市院之间公用经费保障差距大。以湖北省2010年收入为例。公用经费（含中央省转移支付）人均10万元以上的3个，占2.4%；人均7万~10万元的11个，占8.9%；人均6万~7万元的13个，占10.5%；人均5万~6万元的18个，占14.5%；人均4万~5万元的27个，占21.8%；人均3万~4万元的32个，占25.8%；人均2万~3万元的16个，占12.9%；人均1万~2万元的4个，占3.2%。最高的武汉市沌口开发区院12.58万元与最低的宜昌市葛州坝区院1.48万元相差8.5倍。2006~2010年全国检察机关公用经费人均收入数据分析见表3-3，2010年湖北省检察机关公用经费人均收入数据分析见表3-4。

（二）公用经费保障标准制度不够完善

一是标准不够统一。据统计，全国检察机关县级人民检察院公用经费保障标准共有97个档次，最高档为4万~5万元/人·年，最低档为0.6万元/人·年。从一类保障标准情况看：年人均标准4万元以上的3个单位，占9.38%；3万~4万元（不含4万元）的17个单位，占53.13%；2万~3万元（不含3万元）的9个单位，占28.13%；1万~2万元（不含2万元）的3个单位，占9.38%。二是标准偏低。随着形势的发展，工作量的上升，办案成本的增加，原有公用经费保障标准已明显偏低且无增长机制，与国家经济发展、财政收入和检察机关担负的任务不相适应。据统计，2006~2010年，全国检察机关公用经费实际人均支出分别为3.26万元、4.05万元、4.36万元、4.68万元、5.28万元，分别上涨16.43%、24.47%、7.55%、7.41%、12.89%。据对湖北省抽查，公用经费

表 3-3　2006～2010 年全国检察机关公用经费人均收入数据分析（不含港、澳、台）

地区	人数（人）	公用经费（万元）	人均（万元）	排序	年收入 8 万元以上的单位（个）	年收入 7 万～8 万元的单位（个）	年收入 6 万～7 万元的单位（个）	年收入 5 万～6 万元的单位（个）	年收入 4 万～5 万元的单位（个）	年收入 3 万～4 万元的单位（个）	年收入 2 万～3 万元的单位（个）	年收入 2 万元以下的单位（个）
北京市	20 765	118 167.31	5.69	5	—	—	—	1	—	—	—	—
上海市	20 108	172 811.95	8.59	1	1	—	—	—	—	—	—	—
广东省	69 747	433 527.79	6.22	3	—	—	1	—	—	—	—	—
福建省	40 063	136 101.97	3.40	27	—	—	—	—	—	1	—	—
江苏省	59 359	302 760.50	5.10	9	—	—	—	1	—	—	—	—
浙江省	42 867	214 537.21	5.00	10	—	—	—	1	—	—	—	—
山东省	80 261	295 717.38	3.68	23	—	—	—	—	—	1	—	—
天津市	15 017	55 809.20	3.72	21	—	—	—	—	—	1	—	—
辽宁省	51 772	211 320.20	4.08	15	—	—	—	—	1	—	—	—
东部小计	399 959	1 940 753.51	4.85	—	1	0	1	3	1	3	0	0
黑龙江省	42 624	186 290.09	4.37	11	—	—	—	—	1	—	—	—
吉林省	31 186	237 273.30	7.61	2	—	1	—	—	—	—	—	—
海南省	10 425	64 059.64	6.14	4	—	—	1	—	—	—	—	—
河北省	62 913	239 007.24	3.80	19	—	—	—	—	—	1	—	—
山西省	43 803	147 526.70	3.37	28	—	—	—	—	—	1	—	—
河南省	92 773	378 478.24	4.08	16	—	—	—	—	1	—	—	—
安徽省	42 119	136 116.11	3.23	30	—	—	—	—	—	1	—	—
湖北省	52 131	224 848.60	4.31	12	—	—	—	—	1	—	—	—

续表

地区	人数（人）	公用经费（万元）	人均（万元）	排序	年收入8万元以上的单位（个）	年收入7万~8万元的单位（个）	年收入6万~7万元的单位（个）	年收入5万~6万元的单位（个）	年收入4万~5万元的单位（个）	年收入3万~4万元的单位（个）	年收入2万~3万元的单位（个）	年收入2万元以下的单位（个）
江西省	34 640	188 167.61	5.43	7	—	—	—	1	—	—	—	—
湖南省	49 570	271 010.30	5.47	6	—	—	—	1	—	—	—	—
中部小计	462 184	2 072 777.83	4.48	—	0	1	1	2	3	3	0	0
内蒙古自治区	34 202	122 482.26	3.58	25	—	—	—	—	—	1	—	—
陕西省	35 430	138 138.42	3.90	18	—	—	—	—	—	1	—	—
宁夏回族自治区	9 318	31 813.46	3.41	25	—	—	—	—	—	1	—	—
云南省	43 240	161 575.82	3.74	20	—	—	—	—	—	1	—	—
贵州省	29 281	122 072.92	4.17	13	—	—	—	—	1	—	—	—
四川省	64 250	260 764.03	4.06	17	—	—	—	—	1	—	—	—
重庆市	21 442	113 818.12	5.31	8	—	—	—	1	—	—	—	—
甘肃省	26 958	79 067.02	2.93	31	—	—	—	—	—	—	1	—
广西壮族自治区	34 765	129 014.28	3.71	22	—	—	—	—	—	1	—	—
西藏自治区	10 178	41 577.84	4.09	14	—	—	—	—	1	—	—	—
新疆维吾尔自治区	27 678	92 125.28	3.33	29	—	—	—	—	—	1	—	—
青海省	9 742	35 138.68	3.61	24	—	—	—	—	—	1	—	—
新疆生产建设兵团	4 726	9 252.88	1.96	32	—	—	—	—	—	—	—	1
西部小计	351 210	1 336 841.02	3.81	—	0	0	0	1	3	7	1	1
总计	1 213 353	5 350 372.36	4.41	—	1	1	2	6	7	13	1	1

表 3－4　2010 年湖北省检察机关公用经费人均收入数据分析

序号	单位	人数（人）	公用经费		排序	人均10万元以上（个）	人均7万～10万元（个）	人均6万～7万元（个）	人均5万～6万元（个）	人均4万～5万元（个）	人均3万～4万元（个）	人均2万～3万元（个）	人均1万～2万元（个）
			合计（万元）	人均（万元）									
1	湖北省院	392	4 521.42	11.53	2	1	—	—	—	—	—	—	—
2	汉江分院	75	189.00	2.52	112	—	—	—	—	—	—	1	—
3	沙洋地区	42	165.03	3.93	72	—	—	—	—	1	—	—	—
4	江北地区	28	130.00	4.64	57	—	—	—	—	1	—	—	—
5	襄樊城郊	33	155.00	4.70	54	—	—	—	—	1	—	—	—
6	武汉市院	405	2 211.00	5.46	39	—	—	—	1	—	—	—	—
7	开发区院	31	389.85	12.58	1	1	—	—	—	—	—	—	—
8	江岸区院	125	792.66	6.34	19	—	—	1	—	—	—	—	—
9	江汉区院	133	766.36	5.76	31	—	—	—	1	—	—	—	—
10	硚口区院	128	726.70	5.68	34	—	—	—	1	—	—	—	—
11	汉阳区院	102	1 097.04	10.76	3	1	—	—	—	—	—	—	—
12	武昌区院	135	783.87	5.81	30	—	—	—	1	—	—	—	—
13	青山区院	98	610.00	6.22	22	—	—	1	—	—	—	—	—
14	洪山区院	106	602.00	5.68	33	—	—	—	1	—	—	—	—
15	东西湖院	71	349.78	4.93	46	—	—	—	—	1	—	—	—
16	汉南区院	45	248.20	5.52	37	—	—	—	1	—	—	—	—
17	蔡甸区院	97	621.50	6.41	18	—	—	1	—	—	—	—	—
18	江夏区院	101	591.17	5.85	28	—	—	—	1	—	—	—	—

续表

序号	单位	人数（人）	公用经费		排序	人均10万元以上（个）	人均7万~10万元（个）	人均6万~7万元（个）	人均5万~6万元（个）	人均4万~5万元（个）	人均3万~4万元（个）	人均2万~3万元（个）	人均1万~2万元（个）
			合计（万元）	人均（万元）									
—19	黄陂区院	99	386.33	3.90	73	—	—	—	—	—	1	—	—
20	新洲区院	98	607.60	6.20	23	—	—	1	—	—	—	—	—
21	黄石市院	142	1 013.56	7.14	9	—	1	—	—	—	—	—	—
22	黄石港院	47	287.74	6.12	25	—	—	1	—	—	—	—	—
23	西塞山院	47	297.60	6.33	20	—	—	1	—	—	—	—	—
24	下陆区院	37	228.09	6.16	24	—	—	1	—	—	—	—	—
25	铁山区院	29	245.40	8.46	4	—	1	—	—	—	—	—	—
26	阳新县院	111	699.20	6.30	21	—	—	1	—	—	—	—	—
27	大冶市院	130	927.78	7.14	10	—	1	—	—	—	—	—	—
28	十堰市院	142	994.59	7.00	14	—	1	—	—	—	—	—	—
29	茅箭区院	68	230.04	3.38	91	—	—	—	—	—	1	—	—
30	张湾区院	88	448.45	5.10	43	—	—	—	1	—	—	—	—
31	郧县县院	84	482.61	5.75	32	—	—	—	1	—	—	—	—
32	郧西县院	67	257.30	3.84	78	—	—	—	—	—	1	—	—
33	竹山县院	72	189.92	2.64	111	—	—	—	—	—	—	1	—
34	竹溪县院	67	243.38	3.63	83	—	—	—	—	—	1	—	—
35	房县县院	80	139.68	1.75	123	—	—	—	—	—	—	—	1
36	丹江口院	87	392.26	4.51	61	—	—	—	—	1	—	—	—

续表

序号	单位	人数（人）	公用经费		排序	人均10万元以上（个）	人均7万~10万元（个）	人均6万~7万元（个）	人均5万~6万元（个）	人均4万~5万元（个）	人均3万~4万元（个）	人均2万~3万元（个）	人均1万~2万元（个）
			合计（万元）	人均（万元）									
37	荆州市院	154	643.56	4.18	66	—	—	—	—	1	—	—	—
38	沙市区院	100	240.00	2.40	115	—	—	—	—	—	—	1	—
39	荆州区院	76	273.75	3.60	84	—	—	—	—	—	1	—	—
40	江陵县院	48	247.71	5.16	42	—	—	—	1	—	—	—	—
41	松溪市院	113	800.20	7.08	13	—	1	—	—	—	—	—	—
42	公安县院	107	517.47	4.84	48	—	—	—	—	1	—	—	—
43	监利县院	123	464.71	3.78	81	—	—	—	—	—	1	—	—
44	石首市院	97	415.00	4.28	63	—	—	—	—	1	—	—	—
45	洪湖市院	97	413.44	4.26	64	—	—	—	—	1	—	—	—
46	宜昌市院	150	715.49	4.77	51	—	—	—	—	1	—	—	—
47	西陵区院	56	326.73	5.83	29	—	—	—	1	—	—	—	—
48	伍家岗院	45	210.20	4.67	56	—	—	—	—	1	—	—	—
49	点军区院	27	130.07	4.82	49	—	—	—	—	1	—	—	—
50	虎亭区院	23	89.57	3.89	74	—	—	—	—	—	1	—	—
51	夷陵区院	60	426.55	7.11	11	—	1	—	—	—	—	—	—
52	枝江县院	60	187.77	3.13	99	—	—	—	—	—	1	—	—
53	远安县院	45	293.12	6.51	17	—	—	1	—	—	—	—	—
54	兴山县院	41	228.36	5.57	36	—	—	—	1	—	—	—	—

续表

序号	单位	人数（人）	公用经费		排序	人均10万元以上（个）	人均7万~10万元（个）	人均6万~7万元（个）	人均5万~6万元（个）	人均4万~5万元（个）	人均3万~4万元（个）	人均2万~3万元（个）	人均1万~2万元（个）
			合计（万元）	人均（万元）									
55	秭归县院	51	257.93	5.06	44	—	—	—	1	—	—	—	—
56	长阳县院	54	191.02	3.54	88	—	—	—	—	—	1	—	—
57	五峰县院	41	157.50	3.84	77	—	—	—	—	—	1	—	—
58	宜都市院	56	253.50	4.53	60	—	—	—	—	1	—	—	—
59	当阳市院	62	192.00	3.10	102	—	—	—	—	—	1	—	—
60	葛洲坝院	25	37.13	1.49	124	—	—	—	—	—	—	—	1
61	三峡坝院	37	130.94	3.54	87	—	—	—	—	—	1	—	—
62	襄樊市院	174	819.00	4.71	53	—	—	—	—	1	—	—	—
63	襄城区院	118	282.39	2.39	116	—	—	—	—	—	—	1	—
64	樊城区院	84	188.00	2.24	119	—	—	—	—	—	—	1	—
65	襄阳区院	121	233.69	1.93	121	—	—	—	—	—	—	—	1
66	南漳县院	81	186.50	2.30	118	—	—	—	—	—	—	1	—
67	谷城县院	85	295.00	3.47	89	—	—	—	—	—	1	—	—
68	保康县院	60	249.00	4.15	68	—	—	—	—	1	—	—	—
69	老河口院	88	242.00	2.75	110	—	—	—	—	—	—	1	—
70	枣阳市院	129	597.00	4.63	58	—	—	—	—	1	—	—	—
71	宜城市院	98	276.00	2.82	109	—	—	—	—	—	—	1	—
72	鄂州市院	93	681.27	7.33	8	—	1	—	—	—	—	—	—

续表

序号	单位	人数（人）	公用经费		排序	人均10万元以上（个）	人均7万~10万元（个）	人均6万~7万元（个）	人均5万~6万元（个）	人均4万~5万元（个）	人均3万~4万元（个）	人均2万~3万元（个）	人均1万~2万元（个）
			合计（万元）	人均（万元）									
73	梁子湖院	27	203.00	7.52	6	—	1	—	—	—	—	—	—
74	华容区院	40	316.38	7.91	5	—	1	—	—	—	—	—	—
75	鄂城区院	74	247.01	3.34	92	—	—	—	—	—	1	—	—
76	荆门市院	117	486.40	4.16	67	—	—	—	—	1	—	—	—
77	东宝区院	68	209.00	3.07	104	—	—	—	—	—	1	—	—
78	沙洋县院	73	292.00	4.00	71	—	—	—	—	1	—	—	—
79	掇刀区院	36	146.36	4.07	70	—	—	—	—	1	—	—	—
80	京山县院	89	343.35	3.86	76	—	—	—	—	—	1	—	—
81	钟祥市院	100	675.51	6.76	16	—	—	1	—	—	—	—	—
82	孝感市院	110	363.43	3.30	93	—	—	—	—	—	1	—	—
83	孝南区院	140	338.00	2.41	114	—	—	—	—	—	—	1	—
84	孝昌县院	61	237.20	3.89	75	—	—	—	—	—	1	—	—
85	大悟县院	94	306.49	3.26	96	—	—	—	—	—	1	—	—
86	云梦县院	78	224.80	2.88	107	—	—	—	—	—	—	1	—
87	汉川市院	132	431.50	3.27	94	—	—	—	—	—	1	—	—
88	应城市院	131	470.33	3.59	85	—	—	—	—	—	1	—	—
89	安陆市院	103	317.00	3.08	103	—	—	—	—	—	1	—	—
90	黄冈市院	126	930.01	7.38	7	—	1	—	—	—	—	—	—

续表

序号	单位	人数（人）	公用经费		排序	人均10万元以上（个）	人均7万~10万元（个）	人均6万~7万元（个）	人均5万~6万元（个）	人均4万~5万元（个）	人均3万~4万元（个）	人均2万~3万元（个）	人均1万~2万元（个）
			合计（万元）	人均（万元）									
91	麻城市院	107	230.00	2.15	120	—	—	—	—	—	—	1	—
92	武穴市院	82	312.66	3.81	80	—	—	—	—	—	1	—	—
93	黄州区院	86	296.75	3.45	90	—	—	—	—	—	1	—	—
94	团风县院	64	443.59	6.93	15	—	—	1	—	—	—	—	—
95	红安县院	129	672.61	5.21	41	—	—	—	1	—	—	—	—
96	罗田县院	71	372.80	5.25	40	—	—	—	1	—	—	—	—
97	英山县院	65	244.30	3.76	82	—	—	—	—	—	1	—	—
98	浠水县院	110	327.00	2.97	105	—	—	—	—	—	—	1	—
99	蕲春县院	99	409.70	4.14	69	—	—	—	—	1	—	—	—
100	黄梅县院	140	639.00	4.56	59	—	—	—	—	1	—	—	—
101	咸宁市院	109	528.88	4.85	47	—	—	—	—	1	—	—	—
102	咸安区院	105	255.30	2.43	113	—	—	—	—	—	—	1	—
103	嘉鱼县院	63	196.05	3.11	101	—	—	—	—	—	1	—	—
104	通城县院	72	169.30	2.35	117	—	—	—	—	—	—	1	—
105	崇阳县院	66	275.99	4.18	65	—	—	—	—	1	—	—	—
106	通山县院	64	323.38	5.05	45	—	—	—	1	—	—	—	—
107	赤壁市院	75	454.14	6.06	27	—	—	1	—	—	—	—	—
108	恩施州院	108	590.59	5.47	38	—	—	—	1	—	—	—	—

续表

序号	单位	人数（人）	公用经费		排序	人均10万元以上（个）	人均7万~10万元（个）	人均6万~7万元（个）	人均5万~6万元（个）	人均4万~5万元（个）	人均3万~4万元（个）	人均2万~3万元（个）	人均1万~2万元（个）
			合计（万元）	人均（万元）									
109	恩施市院	95	336.85	3.55	86	—	—	—	—	—	1	—	—
110	利川市院	88	623.52	7.09	12	—	1	—	—	—	—	—	—
111	建始县院	64	287.13	4.49	62	—	—	—	—	1	—	—	—
112	巴东县院	65	396.90	6.11	26	—	—	1	—	—	—	—	—
113	宣恩县院	50	191.41	3.83	79	—	—	—	—	—	1	—	—
114	咸丰县院	52	247.12	4.75	52	—	—	—	—	1	—	—	—
115	来凤县院	53	165.70	3.13	100	—	—	—	—	—	1	—	—
116	鹤峰县院	52	243.00	4.67	55	—	—	—	—	1	—	—	—
117	随州市院	84	265.01	3.15	97	—	—	—	—	—	1	—	—
118	曾都区院	50	240.69	4.81	50	—	—	—	—	1	—	—	—
119	广水市院	122	398.14	3.26	95	—	—	—	—	—	1	—	—
120	随县县院	50	148.37	2.97	106	—	—	—	—	—	—	1	—
121	仙桃市院	130	372.00	2.86	108	—	—	—	—	—	—	1	—
122	潜江市院	106	333.19	3.14	98	—	—	—	—	—	1	—	—
123	天门市院	137	253.50	1.85	122	—	—	—	—	—	—	—	1
124	神农架院	43	242.40	5.64	35	—	—	—	1	—	—	—	—
	合计	10 976	52 940.42	3.12	—	3	11	13	18	27	32	16	4

实际支出2009年已达到人均4.71万元，2010年人均5.03万元，均高于现有执行标准，现行司法体制改革只是加大了中央、省对基层院办案经费的补助力度，文件规定的要建立公用经费正常增长机制，到目前为止，各地没有出台相应的增长机制实施细则。三是标准有盲区。以湖北为例，全省仍有33个市辖区院、13个市级院（不含二个分院）没有明确标准，执行中存在随意性，部分单位实际保障水平低于有保障标准的县（市区）院。全国检察机关公用经费保障标准明细分析见表3-5、2006~2010年全国检察机关公用经费支出数据分析见表3-6。

表3-5 全国检察机关公用经费保障标准明细分析（不含港、澳、台）

序号	地区名称	分类保障标准（万元）						合计（个）
		一类	二类	三类	四类	五类	六类	
1	安徽省	4~5	3~4	2~3	1.7~2	—	—	4
2	重庆市	3~5	2.5~4	2~3	—	—	—	3
3	上海市	4	3	—	—	—	—	2
4	浙江省	3.5	3	—	—	—	—	2
5	广东省	3.5	3	—	—	—	—	2
6	海南省	3.5	2.8	2.5	2.2	2	—	5
7	陕西省	3.5	2.5	1.5	—	—	—	3
8	江苏省	3.2	—	—	—	—	—	1
9	云南省	3.19	2.05	1.94	1.76	1.67	—	5
10	山西省	3.1	2.7	2.3	2	—	—	4
11	北京市	3	—	—	—	—	—	1
12	吉林省	3	2.6	2.1	—	—	—	3
13	黑龙江	3	2.6	2.1	—	—	—	3
14	福建省	3	2.6~2.9	2.3~2.6	1.9~2.2	—	—	4
15	江西省	3	2.7	2.3	2	—	—	4
16	山东省	3	2.5	2	—	—	—	3

续表

序号	地区名称	分类保障标准（万元）						合计（个）
		一类	二类	三类	四类	五类	六类	
17	湖南省	3	2.5	2	—	—	—	3
18	四川省	3	2	1.8	—	—	—	3
19	新疆维吾尔自治区	3	2.5	2	—	—	—	3
20	新疆生产建设兵团	3	2.6	2.3	2	—	—	4
21	河北省	2.8	2.3	1.6	—	—	—	3
22	内蒙古	2.8	2.4	2	—	—	—	3
23	天津市	2.7	2.2	1.7	—	—	—	3
24	湖北省	2.6	2.1	1.8	—	—	—	3
25	广西	2.6	2	1.6	—	—	—	3
26	宁夏	2.6	2	1.5	—	—	—	3
27	辽宁省	2.3	—	—	—	—	—	1
28	西藏自治区	2.02～2.11	1.77～1.94	1.68～1.72	1.54～1.60	1.37～1.42	1.31	6
29	甘肃省	2	1.3	0.8	—	—	—	3
30	贵州省	1.71	1.2～1.25	0.8	—	—	—	3
31	河南省	1.6	—	—	—	—	—	1
32	青海省	1.4	1.2	0.6	—	—	—	3
	合计	—	—	—	—	—	—	97

表3－6　2006～2010年全国检察机关公用经费支出数据分析（不含港、澳、台）

年度	人数（人）	公用经费支出（万元）	年均增长率（%）	公用经费人均支出（万元）	年均增长率（%）
2006	217 736	708 750.29	18.94	3.26	16.43
2007	238 240	965 279.08	36.19	4.05	24.47
2008	242 981	1 058 853.54	9.69	4.36	7.55
2009	253 513	1 186 657.42	12.07	4.68	7.41
2010	260 882	1 378 563.54	16.17	5.28	12.89
总计	1 213 353	5 298 103.87	18.53	4.37	13.75

（三）赃款返还解决公用经费情况仍然存在

据统计，2006～2010年，全国检察机关赃款返还用于公用经费79.19亿元，占公用经费总收入535.04亿元的14.8%。据对湖北省抽查，2009年有30个院下达追赃指标，其指标数占30个院公用经费的21.75%，2010年虽然没有下达追赃指标，但仍有29个院依赖赃款返还用于公用经费7 877万元，1/4以上的基层院在年中、年底追加预算中，其经费来源40%以上靠赃款返还。少数地方对赃款使用存在明脱暗挂、捆绑使用的现象，交多返多，交少返少。赃款返还解决公用经费不足的情况仍然没有根本改善。

（四）省级配套转移支付资金普遍被地方纳入综合预算

据对湖北抽查，近年来，省配套转移支付力度不断加大，但基层检察院经费保障整体水平增幅较小，"上进下退"现象较为突出。究其原因，地方在执行文件规定时就低不就高，依《湖北省对下政法政策性转移支付办法》（鄂财预发［2005］57号）的规定，任何单位和部门都不得截留、挪用和平调政法政策性转移支付资金。而依《湖北省县级人民检察院公用经费保障标准》（鄂财行发［2006］18号）的规定，"同级财政部门将本级财政预算资金和省政法政策性转移支付资金统筹起来，按照综合财政预算口径，编制部门预算"。鄂办发［2011］13号《关于加强政法经费保障工作的意见》的通知，第2条第1款第（3）项表述："按照规定的用途将上级政府安排的政法转移支付资金纳入各级政法部门预算"，将有可能导致由目前的将省级政法转移支付纳入本级综合预算变成将中央和省政法转移支付都纳入本级综合预算的情况。

（五）公用经费保障增幅与财政增幅不协调

据统计，2006～2010年，全国检察机关公用经费总支出的年增长率分别为18.94%、36.19%、9.69%、12.02%、16.17%，年均增长率为18.53%，年均增速比国家财政支出年均增速24.84%少6个百分点。据对湖北省抽查，76个县级检察院公用经费总支出平均年增长率为21.42%（含中央、省转移支付经费），9个基层院公用经费支出平均年增长率仅为10%以下，最低的为云梦县院，年均增长率仅为2.14%。

三、缺陷及根源

造成当前检察公用经费保障总体发展水平不高的原因较多，既有一些贫困县财政收入增长缓慢，财力不足，无力较多安排公用经费的问题，也存在经费保障体制改革难点突破不大，工作机制运行创新滞后等问题。

（一）观念误区没有消除

根据宪法和法律规定，检察权属中央事权，其根本目标是保障宪法和法律在全国范围内统一正确实施，维护宪法和法律的尊严、权威。长期以来，我们习惯于把检察权这一中央司法事权作为地方事权对待，按照分级保障的体制和机制来保障检察权的行使，影响了适合作为中央事权的检察权统一行使相适应的公用经费保障体制与机制的建立。

（二）体制缺陷仍然存在

自 1983 年财政体制改革以来，司法保障体制仍然实行“分级负担、分级负责”，全国检察机关公用经费保障完全依赖和受制于地方财政。在经济欠发达和不发达地区，多是“吃饭财政”，只能保人员经费和基本运转，无力提供发展所需公用经费支持，不得不采取变通的办法，实行收支挂钩、以收定支、赃款返还奖励等政策措施，检察机关自身运转困难、发展缓慢。2009 年政法公用经费“分项目、分区域、分部门保障”体制改革后，办案经费、业务基础设施建设经费由中央、省级、同级财政分区域、按责任分担，日常运行工作公用经费、办公基础建设、各类基础设施维修经费仍由同级财政承担，这项改革没有从根本上改变检察公用经费受制于地方财政的状况，仍然存在地方财力不同、保障程度不同的情况，特别是中西部欠发达地区，检察机关日常公用经费不足，转移支付资金“上进下退”状况没有改善。

（三）经费管理相对滞后

一是“收支两条线”机制不完善。现行罚没收入管理机制的根本问题在于，未将罚没收入真正作为中央财政收入，也未真正实行收入与支出彻底脱钩。由司法和其他执法机关上缴财政，名义上是上缴国库，实际上是纳入综合预算，成为地方财政的“精养鱼池”。这样一来，地方对罚没收入的掌控、调剂的余地很大，以致一些地方将其作为弥补人员经费不足，安排业务经费、装备费用的主要来源之一。有的地方实行账面收支脱钩，罚没款转了个圈又回到司法执法部门，成了检察业务经费保障不正常的激励和约束机制，助长了乱扣乱追、执法违法。二是中央和省级财政转移支付资金管理不科学。办案经费和装备经费的比例不合理，一些地方办案经费远远低于装备经费，“买得起马，配不起鞍”，运转不灵；拨付方式和管理方式效率低，资金到位缓慢或者不能足额到位。据统计，2009年全国检察机关中央和省级财政转移支付资金54.02亿元中，落实到位的只有39.18亿元，只占72.53%，还有27.47%没有落实到位；缺乏检察机关参与调控的渠道，转移支付资金完全由财政部门分配，检察机关没有参与权、知情权、调控权和监督权，有的地方，两级专款到达县财政后，检察机关按规定用途每使用一笔钱都要报常务副县（区）长批，手续烦琐，影响了使用效率。

（四）保障需求刚性增加

一是案件数量不断上升。2006～2010年与前5年相比较，全国检察机关受理审查批捕刑事犯罪案件的件数与人数分别上升15.2%和17.4%，批准逮捕犯罪嫌疑人上升13.5%；受理审查起诉刑事案件的件数与人数分别上升21.3%和26.9%，起诉犯罪嫌疑人上升27.1%。二是办案难度明显加大。职务犯罪案件手段日趋狡诈、隐蔽，反侦查能力增强，特别是随着跨地区、跨国（境）犯罪的增多，腐败犯罪发现难、突破难、固定证据难，各项诉讼活动监督任务加重，原来一个办案小组就能完成的工作，现在需要更多的人力和装备作保障。三是办案要求越来越高。随着社会的发展尤其是“国家尊重和保障人权”写入宪法，对查办职务犯罪工作的要求越来越高，检察机关既要坚决惩治贪污贿赂等职务犯罪，又必须坚持严格、规范、文明执法，安全办案。而且，为适应科学技术的发展，国家已将检察机关侦查技术与检察信息网络纳入国家6大专网工程建设，对加强办案工作，推进检察工作意义重大，对检察公用经费保障工作提出了新的更高要求。四是深化检察改革支出增多。近几年，随着法治文明进程的发展，检察工作到了转型时期，各项改革深入开展，工作成本相应在增加。对“三狱两所”的执行监督由事后当地院监督改为同级同步监督，以及修改刑诉讼法的实施，既要增加人员，又要改善办公和装备，其中修改后刑诉法带来的工作量导致经常性办案业务费大量增加，主要包括：对犯罪嫌疑人采取监视居住措施增加的经费支出，信息化设施设备运行维护增加经费支出，证人作证增加经费支出，适用简易程序案件、二审案件、再审案件检察人员出庭增加经费支出，精神病人强制医疗办案增加经费支出，加强对诉讼活动法律监督方面增加经费支出，新增培训经费支出等。经对湖北省检察机关测算，每年新增办案业务经常性支出约 1.59 亿元。职务犯罪批捕权上提一级以后，上、下两级院都增加成本，据对全国 92 个市级院和 96 个县级院的抽样调查，平均每办 1 件职务犯罪案件市级院增支 2.03 万元，县级院增支 1.25 万元。同时，随着检察工作一体化的推进，上级院交办、指定办案情况增多，各级检察院协查费用支出也相应增加。另外派出驻乡镇检察室、巡回检察室试点以及林区、铁路检察改革，都对公用经费保障提出了新要求。五是服务大局工作任务增加。预防犯罪、检务公开等工作任务和经费支出增加，配合党委、政府中心任务如息诉息访、青少年维权、司法救助增支明显，刑事和解、不起诉听证任务增加、支出增加。六是教育培训任务加重。随着工作任务和要求的不断增加，提升检察队伍素质迫在眉睫。据测算，建立和落实检察人员轮训、领导干部调训、专项技能培训、业务岗位研修等常规培训体系，每个县级检察院平均每年需要的教育培训经费 20 万元以上。七是物价上涨幅度过大。据抽样调查，2004 年省、市、县级检察院查办贪污贿赂案件的个案成本分别为 20.79 万元、4.63 万元、2.26 万元，2009 年分别增加到 53.23 万元、8.89 万元、4.91 万元，5 年间分别上升 156.06%、92.13%、116.70%。据福建南平市院统计，2006～2008 年全市两级检察院立案侦查职务犯罪案件的个案成本为 2.58 万元，2009 年上升到 5.97 万元，增加一倍多，批捕、公诉、民行、控申举报等个案成本上升 69%。

（五）辅助人员经费需由检察机关自筹解决

据湖北省 2009 年统计，全省检察机关共有编外在职干警、专用司机、安全保卫、电脑录入、检察专网运维等合同用工“五类人员”1 325 名，每年需开支人员经费 1 902.01 万元，公用经费 6 288.69万元，占检察经费支出的 6.81%。由于上述人员所需经费财政不予保障，所需经费均由检察机关自筹或挤占其他经费来解决，压力较大。

四、影响及危害

（一）妨碍规范执法要求的有效贯彻，损害了法律监督公信力

曹建明检察长指出：“检察机关要树立理性、平和、文明、规范执法的新理念”“规范就是要在完善执法管理上下工夫”“必须坚决防止监督权的滥用，既要解决检察机关监督不作为的问题，又要纠正乱作为的问题”。这一要求应当贯彻在执法办案的全过程，但是由于部分地区经费保障严重不足，地方以收定支、收支挂钩，导致有的检察机关滥用检察权，直接违规违法进入国民收入初次分配领域，

不该扣押的扣押，不该追缴的追缴，该返还的不返还，以弥补公用经费保障不足，出现“乱扣押、乱冻结、乱处理”三乱问题，“为钱办案、办案为钱”“只挖大案、不管小案”“越权办案、互利互惠”等现象，对一些上交了行贿款的行贿案件当事人，立案多、处理少，有的检察院为腾出精力办理大案，5 万元以下小案不予受理，或者压而不办、久拖不办，或超越管辖权办理案件等，这些不规范的执法行为给检察机关法律监督的公信力带来极大损害。

（二）妨碍办案质量有效提升，削弱了法律监督效力

公用经费保障不足，对办案形成“倒逼”现象，将地方财政压力转移到办案过程中。少数检察院不得不考虑自身小团体利益，从而影响对案件定性、数额认定的客观性。部分高成本案件无法办理，一些职务犯罪案件该立未立、该办未办、赃款该追未追，嫌疑人有该引渡的未引渡，导致一些大案查成小案，要案被搁浅，小案不了了之。例如湖北省长动集团原董事长于志安，贪污境外投资年分红收益 1 800万元后潜逃美国案，检察机关立案侦查，通过国际协助、涉案地菲律宾提出需要 200 万美元协助费，由于办案经费不足，嫌疑人潜逃 14 年未能缉拿归案，最终放弃。

（三）妨碍检察职能全面有效履行，降低了法律监督能力

公用经费保障不足制约了检察机关法律监督职能的全面深入履行，长期以来，业务经费主要保障刑事检察、职务犯罪侦查等关系社会安定和反腐败大局的检察职能，对诉讼活动的监督职能，缺乏必要的经费支持，如民事行政抗诉、对侦查活动的监督等，成为法律监督的薄弱环节。例如开展对诉讼活动的法律监督，需要深入基

层法庭、派出所、司法所、乡村社区等地，进行信息收集，对公安、法院办案情况进行大量核查，对违法情况开展调查，履行这项职能的工作难度与查办职务犯罪的难度相仿。湖北省检察院曾要求“收集诉讼监督线索要像收集职务犯罪线索一样”“办理诉讼监督案件要像查办职务犯罪一样”，这些工作需要交通、通信、网上办案等费用，没有足够经费保障，就无法全面有效开展，降低了检察机关的法律监督能力，难以满足群众对司法公正的强烈期待。

五、对策及建议

深化检察保障体制改革，解决公用经费保障体制性、机制性问题，是贯彻落实科学发展观和党的“十七大”精神的重要举措，也是加强检察保障、提高法律监督能力和水平、维护司法公正的迫切需要，应坚持“收支脱钩、全额保障”的原则，积极推动体制改革与机制创新，形成具有中国特色、适合检察工作发展需要相对均等化的公用经费保障体系。

（一）认真贯彻落实中央司法体制改革精神

中发［2008］19号《中共中央转发〈中央政法委员会关于深化司法体制和工作机制改革若干问题的意见〉的通知》明确要求：“将现行政法保障改革为明确责任、分类负担、收支脱钩、全额保障的体制；根据不同地区和政法部门的特点，确定负担级次和比例，进一步落实‘收支两条线’规定，实现政法经费由财政全额负担；县级公用经费保障标准，由省财政部门会同政法部门根据本省经济社会发展、财力增长水平和政法工作实际需要适时调整。”周永康同志 2008 年 2 月 19 日在深化司法体制改革调研工作座谈会上指出："要研究政法经费国家确保的财政体制，同时制定并完善不同地区的政法经费基本保障标准，建立政法经费正常增长机制，确保政法机关充分履行职责。"我们一定要从推进中国特色社会主义政法检察制度，促进检察事业全面发展的高度，加强基层工作，从政策、制度、机制、管理上创新；从建立健全中国特色社会主义均等化的政法保障体制的高度，切实增强贯彻落实中央关于改革完善政法检察经费保障政策精神，着力破解传统保障体制性障碍，突破困扰基层公用经费保障机制性束缚，深入研究，科学规划，强化措施，有序推进改革举措的落实。

（二）建立国家公共财政相对均等化公用经费保障体制

将检察机关的公用经费纳入国家公共财政均等化统一保障体制内，科学划分公用经费项目，根据不同地区的执法情况，逐步实现由中央财政统一保障，从体制上、源头上治理公用经费保障不平衡等问题，确保从体制上为维护国家司法权威、维护法制统一与尊严提供物质保障。

（三）完善检察公用经费保障标准体系

一是修订提高检察机关公用经费保障标准。制定以省级单位相对统一规范的公用经费保障标准体系，市县级公用经费保障标准比照省会城市标准执行。建立正常的公用经费增长机制，制定操作性强的具体实施细则。二是要做到标准的全覆盖。除省级院本级外，所有市级院，县（市、区）院均应制定相对均等化的公用经费保障标准，消除盲点。

（四）建立与经济社会发展相适应的正常公用经费增长机制

适度调整检察公用经费在财政收入中的比重，使检察公用经费年增长幅度与国家财政收入、公检法司其他部门公用经费收入基本相协调。建立正常公用经费增长评估、反馈机制，加强对公用经费支出状况的评估分析与监测，根据检察任务的加重，适时调整公用经费支出在财政收入中的比重与增长幅度，保障检察公用经费增长机制有序运行。

（五）健全"收支两条线"财政管理机制

针对"收支两条线"管理中存在的问题，建议建立罚没收入与支出真正彻底脱钩的收支两条线财政管理体制。一是建立司法机关罚没收入全额上缴中央财政的制度，规定任何一级司法机关的罚没款必须全额、足额上缴，不得截留、占用、挪用、或者拖欠，取消按比例分成的方式。二是禁止任何将中央罚没款与转移支付、专项补贴互抵互冲、"明脱暗挂"的结算方式。三是建立地方财政支出转移支付调节补偿机制，地方罚没收入上缴中央，不再同支出挂钩，经费预算缺口部分以省级为单位，通过转移支付、专项补助予以平衡。四是建立罚没收入管理问责制度、查究制、倒查制。对罚没款与政法检察经费支出任何返还挂钩的问题，由监察机关、财政部、审计署及驻各地专员办实施问责查究。五是建立罚没款、赃款专户监管制度。对于政法机关所追缴的赃款全部足额上缴中央财政专户，委托商业银行代办。

（六）规范转移支付资金管理

科学确定中央和省级财政转移支付资金比例，地区间分配比例、办案经费和装备经费的比例。建立检察机关参与转移支付资金分配的程序，设立政法转移支付资金统一账户，确定专款使用范围，提高效率。

（七）提高公用经费的使用效益

一是要严格按编制控制财政供养人员数量，规范编制管理，避免以公用经费弥补超编带来的人员经费缺口；二是争取辅助人员纳入政府用工派遣范围，或者由财政保障辅助人员经费，避免挤占公用经费；三是树立节约意识，克服无车不出办案、住宿高标准、接待讲排场、工作环境高要求，厉行节约，勤俭办事；四是要建立健全财务管理制度，切实加强招待费、交通费、办案费等重点支出的管理，强化审计和内部监督，确保各项公用经费使用规范、合理。

装备建设篇

关于检察机关装备建设情况调研分析报告

“十一五”时期检察机关装备建设得到了全面发展，但装备建设的整体水平同检察业务快速发展不相适应的矛盾、传统的装备设施管理水平同日益繁重的工作任务不相适应的矛盾、装备保障体制同执法办案国家公共财政均等化统一保障的现代管理要求不相适应的矛盾仍较突出。“十二五”时期，检察机关装备建设应突出检察业务工作装备保障需求，按照统一保障、统一标准、统一管理、协调发展的原则，优化装备资源配置，逐步建立科学的检察装备保障体系。

根据高检院的调研要求，我们对全国检察机关装备建设情况进行了调查分析，提出对策与建议。

一、基本情况及特点

近年来，我国经济快速发展，财力不断增长，检察机关装备建设力度加大，特别是政法经费分类保障政策实施后，检察机关装备建设投入增加，取得了较好成效。一是检察装备经费有所提高。据调查，2006～2010 年，全国检察机关（不含高检院，下同）装备经费总收入 143 亿元，占检察经费总收入的 10.38%，年均增幅 28.15%；经费总支出 127.54 亿元，占检察经费总支出的 9.53%，年均增幅 8.78%。其中，2009 年中央转移支付资金中，装备费 17.79 亿元，占 52.68%，与上年同比上升 75.72%；2010 年中央转移支付资金中，装备费 19.27 亿元，占 55.05%，与上年同比上升 9.55%。二是检察装备设备配备加强。据调查，截至 2010 年年底，全国检察机关办案、办公装备总价值达 216.96 亿元，比 2006 年年底（123.31 亿元）增加 93.65 亿元，增长 75.95%。湖北省检察机关共有各类器材设备 49 886件（台、套），总价值约 6.78 亿元，比 2006 年年底增加 2.28 亿元，增长 50.67%。三是设备配置结构趋于合理。以湖北省为例，截至 2010 年年底，全系统检察业务器材设备 2 395件（台、套），计价 1.64 亿余元，占 24%；法医检验鉴定、文件痕迹检验鉴定、司法会计检验鉴定、心理测试仪等设备 206 件（台、套），计价 1 211万元，占 1.8%；综合办公器材设备 1 492件（台、套），计价 16 718万元，占 24.7%；基础网络设备 3 819件（台、套），计价 2.25 亿余元，占 33.1%；人员培训器材设备 2 433件（台、套），价值 8 687万余元，占 12.8%。四是装备科技含量得到提升。2007 年高检院制定了《2008～2010 年科技装备发展规划纲要》，地方各级检察院认真贯彻落实纲要要求，不断加大科技装备建设投入，重点推进同步录音录像装备配备和科技强检项目建设，办案现代化和办公自动化水平明显提高。据调查，全国检察机关的地市级检察院全部联入检察专线网并建成计算机局域网；县级检察院中有 93% 联入检察专线网，98% 建成了计算机局域网。五是装备配备标准体系建设积极推进。2010 年 9 月，高检院会同财政部制定下发《县级人民检察院基本业务装备配备指导标准（试行）》（以下简

表 4－1　2006～2010 年全国检察机关装备经费收支数据分析（不含港、澳、台）

年度	本年总收入（万元）	装备费收入			本年总支出（万元）	装备费		
		小计（万元）	年均增长率（%）	装备费占总收入（%）		小计（万元）	年均增长率（%）	装备费占总支出（%）
2006	1 788 053.70	192 257.01	—	10.75	1 758 074.41	311 033.68	—	17.69
2007	2 435 618.14	168 500.56	－12.36	6.92	2 410 551.10	180 339.35	－42.02	7.48
2008	2 774 593.54	247 739.96	47.03	8.93	2 749 095.58	191 251.41	6.05	6.96
2009	3 150 939.92	342 992.49	38.45	10.89	2 994 878.64	242 781.73	26.94	8.11
2010	3 623 614.30	478 477.20	39.50	13.20	3 472 084.45	349 945.80	44.14	10.08
合计	13 772 819.60	1 429 967.22	28.15	10.38	13 384 684.18	1 275 351.96	8.78	9.53

表 4－2　2008～2010 年全国检察机关中央转移支付资金分配情况分析（不含港、澳、台）

年度 项目	2008 年		2009 年			2010 年		
	金额（万元）	占总金额（%）	金额（万元）	占总金额（%）	比上年同期增加（%）	金额（万元）	占总金额（%）	比上年同期增加（%）
办案补助费	52 131.56	34.25	158 084.28	47.33	203.24	157 325.52	44.95	－0.48
装备配备费	100 092.49	65.75	175 887.05	52.67	75.72	192 684.06	55.05	9.55
合计	152 224.05	—	333 971.33	—	—	350 009.58	—	—

称《指导标准》)，从检察业务技术装备、业务综合装备、司法警察装备等方面，就装备配备的项目、数量、功能要求等提出了明确的指导意见，既为加强检察科技装备建设提供了政策依据，也为检察装备配备标准体系建设奠定了基础。检察装备保障水平的提高，为各项检察工作的发展提供了保障。2006~2010年全国检察机关装备经费收支数据分析见表4-1，2008~2010年全国检察机关中央转移支付资金分配情况分析见表4-2。

二、问题及表现

调查发现，当前检察装备建设还存在一些亟待解决的困难与问题，检察装备建设的整体水平同检察业务快速发展不相适应的矛盾、传统的装备设施管理水平同日益繁重的工作任务不相适应的矛盾、装备保障体制同执法办案国家公共财政均等化统一保障的现代管理要求不相适应的矛盾较为突出。主要表现在以下几点。

（一）检察装备经费供给不够充足

资金投入是装备设施建设的前提条件，但从近年来检察机关装备经费保障的情况看，资金投入虽有所增加，但仍显不足。一是装备经费预算基数偏低。2006~2010年，国家财政预算检察装备经费收入124.79亿元，占装备总收入的87.27%。二是地方财政配套资金落实不到位。部分市县用中央和省级转移支付的装备专款抵顶本级投入，“上进下退”，出现“挤出效应”，市县检察院装备总收入没有明显增长，没有从中央大幅增加的政法支出中获得实益。以湖北省为例，2006~2010年，中央转移支付资金达5.36亿元，其中装备款达3.4亿元，省级配套资金3.69亿元，地市级基本没有将装备建设配套资金纳入预算。三是装备投入普遍与追赃挂钩。2006～2010年，除北京市、上海市、天津市、西藏自治区外，其他省（市、自治区、兵团）检察机关的装备经费收入均与办案追赃挂钩，赃款返还占检察装备总收入年平均比重12.73%。其中，平均比重在10%以下的有16个省（市、自治区、兵团），平均比重为10%～20%有7个省（市、自治区、兵团），20%～30%有4个省（市、自治区），30%以上的是吉林省，为30.66%。四是装备投入起幅较大。从全国检察机关2006～2010年装备收入平均年增幅看，增长率低于20%的有7个省（市、自治区、兵团），占21.88%；增长率超过20%但不满50%的有15个省（市、自治区、兵团），占46.88%；增长率超过50%但不到1倍的有4个省（市、自治区、兵团），占12.5%；增长率超过1倍的有4个省（市、自治区、兵团）；有2个省（市、自治区、兵团）装备收入平均增幅为负数。五是装备资金缺口较大。由于装备保障体制不健全，装备经费正常增长机制尚未建立，普遍存在装备资金缺口问题。特别是修改后刑诉法的实施，对装备建设提出了新的要求，经对湖北省检察机关测算，办案基础设施，信息化及装备建设需一次性投入17 047万元。2006～2010年全国检察机关装备经费收入情况见表4－3至表4－5。

（二）检察装备设备配备不够科学

具体表现为装备配备的项目种类不全、数量偏少。在检察业务装备方面，大多仅配备了一些常规的办案设备，专用设备紧缺。如电子取证勘察箱、便携式影像记录设备、多功能侦查取证系统等业务装备配备，市县级检察院基本上是空白。在检察技术检验鉴定装

表 4－3　2006～2010 年全国检察机关财政预算装备收入明细表（不含港、澳、台）

地区	人数（人）	装备收入（万元）	其中		
			财政预算装备收入（万元）	财政预算装备收入占装备收入（%）	财政预算收入人均（万元）
北京市	20 765	42 538.71	42 538.71	100.00	2.05
上海市	20 108	39 658.49	39 658.49	100.00	1.97
广东省	69 747	67 964.64	57 950.49	85.27	0.83
福建省	40 063	37 040.75	35 123.01	94.82	0.88
江苏省	59 359	66 420.26	57 763.87	86.97	0.97
浙江省	42 867	52 806.48	52 126.84	98.71	1.22
山东省	80 261	105 820.71	88 058.24	83.21	1.10
天津市	15 017	20 455.36	20 455.36	100.00	1.36
辽宁省	51 772	49 338.33	40 423.74	81.93	0.78
东部小计	399 959	482 043.73	434 098.75	90.05	1.09
黑龙江省	42 624	59 994.22	50 037.06	83.40	1.17
吉林省	31 186	42 778.08	29 663.68	69.34	0.95
海南省	10 425	16 478.99	15 767.29	95.68	1.51
河北省	62 913	100 705.75	75 356.56	74.83	1.20
山西省	43 803	41 031.97	38 427.13	93.65	0.88
河南省	92 773	90 253.10	63 493.61	70.35	0.68
安徽省	42 119	58 032.35	51 022.92	87.92	1.21
湖北省	52 131	56 829.21	49 983.27	87.95	0.96

续表

地区	人数（人）	装备收入（万元）	其中		
			财政预算装备收入（万元）	财政预算装备收入占装备收入（%）	财政预算收入人均（万元）
江西省	34 640	29 714.09	23 140.04	77.88	0.67
湖南省	49 570	38 161.89	28 350.63	74.29	0.57
中部小计	462 184	533 979.64	425 242.19	79.64	0.92
内蒙古自治区	34 202	45 040.08	41 470.18	92.07	1.21
陕西省	35 430	29 034.71	27 737.94	95.53	0.78
宁夏回族自治区	9 318	15 202.09	14 893.67	97.97	1.60
云南省	43 240	62 574.52	58 282.07	93.14	1.35
贵州省	29 281	26 538.21	24 025.24	90.53	0.82
四川省	64 250	67 362.74	61 822.40	91.78	0.96
重庆市	21 442	24 363.45	23 344.65	95.82	1.09
甘肃省	26 958	25 587.12	24 457.84	95.59	0.91
广西壮族自治区	34 765	48 016.42	43 707.49	91.03	1.26
西藏自治区	10 178	2 939.25	2 939.25	100.00	0.29
新疆维吾尔自治区	27 678	38 852.82	37 500.18	96.52	1.35
青海省	9 742	26 906.31	26 887.31	99.93	2.76
新疆生产建设兵团	4 726	1 526.14	1 470.99	96.39	0.31
西部小计	351 210	413 943.85	388 539.23	93.86	1.11
总计	1 213 353	1 429 967.22	1 247 880.17	87.27	1.03

表 4-4　2006~2010 年全国检察机关装备经费收入赃款返还情况分析表（不含港、澳、台）

序号	地区	人数（人）	装备费（万元）	人均（万元）	其中				有赃款返还单位			
					赃款返还（万元）	赃款返还人均（万元）	有赃款返还单位个数（个）	赃款返还占装备费（%）	赃款返还占比 10% 以下的单位（个）	赃款返还占比 10% ~ 20% 的单位（个）	赃款返还占比 20% ~ 30% 的单位（个）	赃款返还占比 30% 以上的单位（个）
1	北京市	20 765	42 538.71	2.05	—	—	0	0.00	0	0	0	0
2	上海市	20 108	39 658.49	1.97	—	—	0	0.00	0	0	0	0
3	广东省	69 747	67 964.64	0.97	10 014.15	0.14	1	14.73	0	1	0	0
4	福建省	40 063	37 040.75	0.92	1 917.74	0.05	1	5.18	1	0	0	0
5	江苏省	59 359	66 420.26	1.12	8 656.39	0.15	1	13.03	0	1	0	0
6	浙江省	42 867	52 806.48	1.23	679.64	0.02	1	1.29	1	0	0	0
7	山东省	80 261	105 820.71	1.32	17 762.47	0.22	1	16.79	0	1	0	0
8	天津市	15 017	20 455.36	1.36	—	—	0	0.00	0	0	0	0
9	辽宁省	51 772	49 338.33	0.95	8 914.59	0.17	1	18.07	0	1	0	0
10	东部小计	399 959	482 043.73	1.21	47 944.98	0.12	6	9.95	2	4	0	0
11	黑龙江省	42 624	59 994.22	1.41	9 957.16	0.23	1	16.60	0	1	0	0
12	吉林省	31 186	42 778.08	1.37	13 114.40	0.42	1	30.66	0	0	0	1
13	海南省	10 425	16 478.99	1.58	711.70	0.07	1	4.32	1	0	0	0
14	河北省	62 913	100 705.75	1.60	25 349.19	0.40	1	25.17	0	0	1	0
15	山西省	43 803	41 031.97	0.94	2 604.84	0.06	1	6.35	1	0	0	0
16	河南省	92 773	90 253.10	0.97	26 759.48	0.29	1	29.65	0	0	1	0
17	安徽省	42 119	58 032.35	1.38	7 009.43	0.17	1	12.08	0	1	0	0
18	湖北省	52 131	56 829.21	1.09	6 845.94	0.13	1	12.05	0	1	0	0
19	江西省	34 640	29 714.09	0.86	6 574.05	0.19	1	22.12	0	0	1	0
20	湖南省	49 570	38 161.89	0.77	9 811.26	0.20	1	25.71	0	0	1	0
21	中部小计	462 184	533 979.64	1.16	108 737.45	0.24	10	20.36	2	3	4	1

续表

序号	地区	人数（人）	装备费（万元）	人均（万元）	其中				有赃款返还单位			
					赃款返还（万元）	赃款返还人均（万元）	有赃款返还单位个数（个）	赃款返还占装备费（%）	赃款返还占比10%以下的单位（个）	赃款返还占比10%～20%的单位（个）	赃款返还占比20%～30%的单位（个）	赃款返还占比30%以上的单位（个）
22	内蒙古自治区	34 202	45 040.08	1.32	3 559.90	0.10	1	7.93	1	0	0	0
23	陕西省	35 430	29 034.71	0.82	1 296.76	0.04	1	4.47	1	0	0	0
24	宁夏回族自治区	9 318	15 202.09	1.63	308.42	0.03	1	2.03	1	0	0	0
25	云南省	43 240	62 574.52	1.45	4 292.45	0.10	1	6.86	1	0	0	0
26	贵州省	29 281	26 538.21	0.91	2 512.97	0.09	1	9.47	1	0	0	0
27	四川省	64 250	67 362.74	1.05	5 540.34	0.09	1	8.22	1	0	0	0
28	重庆市	21 442	24 363.45	1.14	1 018.80	0.05	1	4.18	1	0	0	0
29	甘肃省	26 958	25 587.12	0.95	1 129.27	0.04	1	4.41	1	0	0	0
30	广西壮族自治区	34 765	48 016.42	1.38	4 308.92	0.12	1	8.97	1	0	0	0
31	西藏自治区	10 178	2 939.25	0.29	—	—	0	0.00	0	0	0	0
32	新疆维吾尔自治区	27 678	38 852.82	1.40	1 352.64	0.05	1	3.48	1	0	0	0
33	青海省	9 742	26 906.31	2.76	19.00	0.00	1	0.07	1	0	0	0
34	新疆生产建设兵团	4 726	1 526.14	0.32	55.15	0.01	1	3.61	1	0	0	0
35	西部小计	351 210	413 943.85	1.18	25 404.62	0.07	12	6.14	12	0	0	0
36	总计	1 213 353	1 429 967.22	1.18	182 087 05	0.15	28	12.73	16	7	4	1

表 4-5 2006~2010 年全国检察机关装备经费收入平均增长情况分析表（不含港、澳、台）

地区	装备费（万元）	装备经费年增长（%）	年负增长的单位（个）	年增长低于20% 的单位（个）	年增长 20% ~ 50% 的单位（个）	年增长 50% ~ 100% 的单位（个）	年增长 > 100% 的单位（个）
北京市	42 538.71	15.80	0	1	0	0	0
上海市	39 658.49	31.47	0	0	1	0	0
广东省	67 964.64	21.84	0	0	1	0	0
福建省	37 040.75	23.58	0	0	1	0	0
江苏省	66 420.26	29.26	0	0	1	0	0
浙江省	52 806.48	32.71	0	0	1	0	0
山东省	105 820.71	26.61	0	0	1	0	0
天津市	20 455.36	49.08	0	0	1	0	0
辽宁省	49 338.33	24.54	0	0	1	0	0
东部小计	482 043.73	25.98	0	1	8	0	0
黑龙江省	59 994.22	26.83	0	0	1	0	0
吉林省	42 778.08	17.40	0	1	0	0	0
海南省	16 478.99	36.16	0	0	1	0	0
河北省	100 705.75	69.40	0	0	0	1	0
山西省	41 031.97	1.59	0	1	0	0	0
河南省	90 253.10	28.94	0	0	1	0	0
安徽省	58 032.35	113.35	0	0	0	0	1
湖北省	56 829.21	17.11	0	1	0	0	0

续表

地区	装备费（万元）	装备经费年增长（%）	年负增长的单位（个）	年增长低于20%的单位（个）	年增长20%～50%的单位（个）	年增长50%～100%的单位（个）	年增长>100%的单位（个）
江西省	29 714.09	14.32	0	1	0	0	0
湖南省	38 161.89	5.03	0	1	0	0	0
中部小计	533 979.64	26.85	0	5	3	1	1
内蒙古自治区	45 040.08	35.38	0	0	1	0	0
陕西省	29 034.71	-6.05	1	0	0	0	0
宁夏回族自治区	15 202.09	48.26	0	0	1	0	0
云南省	62 574.52	12.68	0	1	0	0	0
贵州省	26 538.21	104.97	0	0	0	0	1
四川省	67 362.74	28.14	0	0	1	0	0
重庆市	24 363.45	77.95	0	0	0	1	0
甘肃省	25 587.12	43.62	0	0	1	0	0
广西壮族自治区	48 016.42	79.37	0	0	0	1	0
西藏自治区	2 939.25	-5.56	1	0	0	0	0
新疆维吾尔自治区	38 852.82	156.73	0	0	0	0	1
青海省	26 906.31	56.63	0	0	0	1	0
新疆生产建设兵团	1 526.14	400.27	0	0	0	0	1
西部小计	413 943.85	38.78	2	1	4	3	3
总计	1 429 967.22	29.77	2	7	15	4	4

备方面，主要限于法医、司法会计、文检等传统技术门类的检验鉴定，门类不全、手段单一，技术资源匮乏。市级检验鉴定中心成立后，各类检验鉴定设备均有待更新与完善。在办公通用装备方面，不少地方最基本的办公设备仍然没有配齐。如湖北省检察系统电脑配备时间在5年以上的占33%，如果按国家电子产品管理规定的期限折旧淘汰，现电脑人均占有量仅为0.67台。在基础网络建设方面，截至2010年年底，全国7%的县级院未接入检察专线网，2%的县级院未建成局域网，0.26%的市级院和4.5%的县级院未开通视频会议系统，33.5%的检察院未建成互联网网站，密钥管理、网络管理、数据库等项目建设才刚刚起步。在人员培训装备方面，除国家检察官学院外，1994年以来经批准在9个省（湖北、河南、天津、山东、山西、上海、广东、辽宁、四川）设立了检察官分院，分别由发改委划拨了启动资金，但由于后续投资未纳入国家财政保障增长机制，其装备配备处于初级阶段，规范化建设任务还比较繁重。

（三）检察装备科技水平不够先进

现有检察装备大多属成本较低、功能简单的常规器材，中端产品比例少、高端技术设备紧缺。从业务专用设备看，据对湖北省调查，全省检察系统光学照相机、红外线夜视仪、特技编辑机、车辆跟踪器等特种装备还是空白，远程和移动证据采集传输、远程和移动侦查指挥、远程讯问、手机定位设备仅在个别院装备试用，有25%的检察院未配备便携式同步录音录像设备，50%的检察院没有配备多媒体示证系统。从技术检验鉴定设备看，基本属于普及型低层次的国产设备。据对湖北省调查，2006~2010年，有93%的市级院未添置任何检验鉴定设备，声像资料、电子物证检验鉴定等新型技术检验鉴定门类因无先进的专用设备，在市级检察院均难以建立。从基础网络设备看，应用系统相对薄弱，投资偏低。2006～2010年，湖北省检察应用系统建设仅占信息化总投资的5.6%，没有建立检察系统相对统一、定型成熟的办案办公和综合事务管理系统。特别是安全保密体系建设滞后于信息化应用，全国10.7%的检察院未配备防火墙和入侵检测系统，0.8%的检察院未配备防病毒软件。从办公通用设备看，大多数是传统的低档装备，自动化程度较低，如高速扫描仪等先进设备均没有配备，办公装备保障的现代化水平较低。

（四）检察装备保障不够平衡

一是东中西部地区差异仍然明显。从年人均装备经费收入看：2006～2010年，东部地区年人均1.21万元，中部地区年人均1.16万元，西部地区年人均1.18万元，东部地区年人均装备总收入分别高出中部地区0.05万元、高出西部地区0.03万元。年人均2万元以上的省份2个，占6.25%；年人均超过1万元但不足2万元的省份18个，占56.25%；年人均1万元以下的省份12个，占37.5%。年人均收入前10名的省份中，东部地区2个，中部地区3个，西部地区5个。这说明近年来东部地区虽经济发展较快，但其对检察装备建设的投入不足；中西部地区虽经济发展落后于东部地区，因党委政府高度重视，检察装备建设的保障力度较大。如年人均装备经费收入最高的是西部的青海省，比东部最低的福建省高出1.84万元。从年人均装备经费支出情况看：2006～2010年，东部地区年人均1.06万元，中部地区年人均1.15万元，西部地区年人均0.91万元，中部地区年人均装备总支出分别高出东部地区0.09万元、西部地区 0.24 万元。年人均装备经费收入最高是西部的青海省，比东部最低的天津市高出 0.81 万元，比中部最低的湖南省高出 0.89 万元。二是同省的市、县级检察装备保障差异较大。以 2010 年湖北省 124 个检察院的装备经费保障情况为例。从检察装备的年人均均经费收入看：1 万元以下的单位 16 个，占 12.9%；1 万～2 万元的单位 62 个，占 50%；2 万～3 万元的单位 32 个，占 25.81%；3 万～4 万元的单位 7 个，占 5.65%；4 万～5 万元的单位 7 个，占 5.65%。最高的是贫困山区的通山县院，年人均均装备经费收入 4.73 万元，高出全省年人均均 2.88 万元。从检察装备的年人均均经费支出看：1 万元以下的单位 27 个，占 21.77%；1 万～2 万元的单位 46 个，占 37.1%；2 万～3 万元的单位 41 个，占 33.1%；3 万～4 万元的单位 7 个，占 5.65%；4 万～5 万元的单位 1 个，占 0.81%；5 万元以上的单位 2 个，占 1.61%。最高的襄樊城郊院年人均装备经费支出 5.97 万元，高出全省年人均均 4.32 万元。三是与公安机关技术装备保障差距大。特别是在技术检验鉴定方面，公安部物证鉴定中心拥有一批现代化检验鉴定仪器设备（如扫描电子显微镜、傅里叶红外光谱仪、气相色谱/质谱联用仪、法医图像分析仪、DNA 扩增仪、DNA 测序仪、语音识别工作站、文件检验仪等），专业技术检验鉴定门类齐全（如法医病理损伤鉴定、法医物证鉴定、DNA 鉴定、毒物麻醉品鉴定、微量物证鉴定、痕迹鉴定、指纹鉴定、枪弹鉴定、音像资料鉴定、文件鉴定、书写材料鉴定、电子物证鉴定、爆炸鉴定等），其 DNA 鉴定的单项检测技术水平居世界前列，电子物证鉴定处可对计算机、手机删除信息以及毁损手机中存储信息进行恢复。湖北省公安厅刑侦总队刑事技术处和刑事技术科研所也设置了 8 个（法医、DNA 鉴定、理化、痕检、文检、影像、心理测试、警犬等）专业门类，2007 年投入 800 万元购置检验鉴定设备，另投入 600 万元建设指纹库系统。武汉市公安局投资 9 000万元建设了全国一流的刑事侦查指挥中心（其中大楼建设 6 000万元，仪器设备 3 000万元），并同步配备刑侦技术装备。而高检院 2007 年才启动建设物证检验鉴定中心，与公安机关的技术装备保障水平仍存较大差距，这种差距到市一级更加明显。四是与垂管部门装备保障差距大。据调查，湖北省国税、海关等垂管部门对使用满 10 年或行程超过 30 万公里的车辆一律更新；国税系统近几年投入信息化建设资金年均 7 000 万 ~ 8 000万元，高于检察系统的信息化建设资金投入水平。五是装备门类发展不协调。从检察系统各内设机构装备分布情况看，有些必备的办案办公设备难以到位，特别是在县级院较为普遍。2006 ~2010 年全国检察机关装备经费年人均均收支情况见表 4 –6、表 4 –7，2010 年湖北省检察机关装备经费年人均均收支情况见表 4 –8、表 4 –9。

三、根源及影响

调查发现，造成当前检察装备保障总体水平不高的原因较多，既有一些贫困县财政增长缓慢，财力仅够吃饭，无力安排装备投入，更有保障体制和机制建设滞后等深层次原因。主要体现在以下几点。

（一）装备保障存在体制性障碍

分类保障的政法经费保障政策实行后，检察业务装备经费由中央、省级和同级财政分区域按责任负担，虽然中央财政加大了检察业务装备经费的转移支付力度，但检察装备的配备、维修与更新，

表 4－6　2006～2010 年全国检察机关装备经费年人均均收入情况分析表（不含港、澳、台）

地区	人数（人）	装备费（万元）	人均（万元）	排序	2 万元以上的单位（个）	1 万～2 万元的单位（个）	1 万元以下的单位（个）
北京市	20 765	42 538.71	2.05	2	1	—	—
上海市	20 108	39 658.49	1.97	3	—	1	—
广东省	69 747	67 964.64	0.97	21	—	—	1
福建省	40 063	37 040.75	0.92	26	—	—	1
江苏省	59 359	66 420.26	1.12	18	—	1	—
浙江省	42 867	52 806.48	1.23	16	—	1	—
山东省	80 261	105 820.71	1.32	14	—	1	—
天津市	15 017	20 455.36	1.36	13	—	1	—
辽宁省	51 772	49 338.33	0.95	23	—	—	1
东部小计	399 959	482 043.73	1.21	—	1	5	3
黑龙江省	42 624	59 994.22	1.41	8	—	1	—
吉林省	31 186	42 778.08	1.37	12	—	1	—
海南省	10 425	16 478.99	1.58	6	—	1	—
河北省	62 913	100 705.75	1.60	5	—	1	—
山西省	43 803	41 031.97	0.94	25	—	—	1
河南省	92 773	90 253.10	0.97	22	—	—	1
安徽省	42 119	58 032.35	1.38	11	—	1	—
湖北省	52 131	56 829.21	1.09	19	—	1	—

续表

地区	人数（人）	装备费（万元）	人均（万元）	排序	2万元以上的单位（个）	1万~2万元的单位（个）	1万元以下的单位（个）
江西省	34 640	29 714.09	0.86	28	—	—	1
湖南省	49 570	38 161.89	0.77	30	—	—	1
中部小计	462 184	533 979.64	1.16	—	0	6	4
内蒙古自治区	34 202	45 040.08	1.32	15	—	1	—
陕西省	35 430	29 034.71	0.82	29	—	—	1
宁夏回族自治区	9 318	15 202.09	1.63	4	—	1	—
云南省	43 240	62 574.52	1.45	7	—	1	—
贵州省	29 281	26 538.21	0.91	27	—	—	1
四川省	64 250	67 362.74	1.05	20	—	1	—
重庆市	21 442	24 363.45	1.14	17	—	1	—
甘肃省	26 958	25 587.12	0.95	24	—	—	1
广西壮族自治区	34 765	48 016.42	1.38	10	—	1	—
西藏自治区	10 178	2 939.25	0.29	32	—	—	1
新疆维吾尔自治区	27 678	38 852.82	1.40	9	—	1	—
青海省	9 742	26 906.31	2.76	1	1	—	—
新疆生产建设兵团	4 726	1 526.14	0.32	31	—	—	1
西部小计	351 210	413 943.85	1.18	—	1	7	5
总计	1 213 353	1 429 967.22	1.18	—	2	18	12

表 4－7　2006～2010 年全国检察机关装备经费年人均均支出情况分析表（不含港、澳、台）

单位	人数（人）	装备费（万元）	人均（万元）	排序	1 万元以上的单位（个）	1 万元以下的单位（个）
北京市	20 765	31 456.23	1.51	3	1	—
上海市	20 108	21 420.76	1.07	16	1	—
广东省	69 747	59 756.60	0.86	23	—	1
福建省	40 063	34 992.26	0.87	22	—	1
江苏省	59 359	67 549.58	1.14	13	1	—
浙江省	42 867	45 456.55	1.06	17	1	—
山东省	80 261	100 415.64	1.25	10	1	—
天津市	15 017	12 745.27	0.85	24	—	1
辽宁省	51 772	50 160.77	0.97	19	—	1
东部小计	399 959	423 953.66	1.06	—	5	4
黑龙江省	42 624	60 372.39	1.42	6	1	—
吉林省	31 186	51 094.39	1.64	2	1	—
海南省	10 425	15 251.42	1.46	4	1	—
河北省	62 913	90 015.67	1.43	5	1	—
山西省	43 803	38 844.47	0.89	21	—	1
河南省	92 773	90 171.66	0.97	18	—	1
安徽省	42 119	59 285.69	1.41	7	1	—
湖北省	52 131	56 972.45	1.09	14	1	—
江西省	34 640	32 246.01	0.93	20	—	1

续表

单位	人数（人）	装备费（万元）	人均（万元）	排序	1万元以上的单位（个）	1万元以下的单位（个）
湖南省	49 570	38 138.20	0.77	26	—	1
中部小计	462 184	532 392.35	1.15	—	6	4
内蒙古自治区	34 202	40 487.24	1.18	12	1	—
陕西省	35 430	21 914.87	0.62	30	—	1
宁夏回族自治区	9 318	12 856.92	1.38	8	1	—
云南省	43 240	55 808.03	1.29	9	1	—
贵州省	29 281	20 717.19	0.71	28	—	1
四川省	64 250	45 988.93	0.72	27	—	1
重庆市	21 442	23 428.05	1.09	15	1	—
甘肃省	26 958	16 676.15	0.62	29	—	1
广西壮族自治区	34 765	26 777.32	0.77	25	—	1
西藏自治区	10 178	2 738.74	0.27	32	—	1
新疆维吾尔自治区	27 678	32 851.07	1.19	11	1	—
青海省	9 742	16 123.23	1.66	1	1	—
新疆生产建设兵团	4 726	2 638.21	0.56	31	—	1
西部小计	351 210	319 005.95	0.91	—	6	7
总计	1 213 353	1 275 351.96	1.05	—	17	15

表 4－8　2010 年湖北省检察机关装备经费年人均收入情况分析表

序号	单位	人数（人）	装备经费（万元）	人均（万元）	排序	4 万～5 万元的单位（个）	3 万～4 万元的单位（个）	2 万～3 万元的单位（个）	1 万～2 万元的单位（个）	1 万元以下的单位（个）
1	湖北省院	392	1 609. 12	4. 10	6	1	—	—	—	—
2	汉江分院	75	290. 00	3. 87	8	—	1	—	—	—
3	沙洋地区	42	100. 00	2. 38	34	—	—	1	—	—
4	江北地区	28	114. 00	4. 07	7	1	—	—	—	—
5	襄樊城郊	33	117. 00	3. 55	10	—	1	—	—	—
6	武汉市院	405	753. 00	1. 86	59	—	—	—	1	—
7	开发区院	31	54. 00	1. 74	69	—	—	—	1	—
8	江岸区院	125	317. 99	2. 54	29	—	—	1	—	—
9	江汉区院	133	50. 00	0. 38	119	—	—	—	—	1
10	硚口区院	128	33. 00	0. 26	120	—	—	—	—	1
11	汉阳区院	102	300. 27	2. 94	15	—	—	1	—	—
12	武昌区院	135	100. 00	0. 74	113	—	—	—	—	1
13	青山区院	98	119. 00	1. 21	104	—	—	—	1	—
14	洪山区院	106	131. 00	1. 24	102	—	—	—	1	—
15	东西湖院	71	30. 00	0. 42	118	—	—	—	—	1
16	汉南区院	45	60. 00	1. 33	94	—	—	—	1	—
17	蔡甸区院	97	213. 50	2. 20	38	—	—	1	—	—
18	江夏区院	101	138. 00	1. 37	92	—	—	—	1	—

续表

序号	单位	人数（人）	装备经费（万元）	人均（万元）	排序	4万~5万元的单位（个）	3万~4万元的单位（个）	2万~3万元的单位（个）	1万~2万元的单位（个）	1万元以下的单位（个）
19	黄陂区院	99	138.00	1.39	90	—	—	—	1	—
20	新洲区院	98	164.50	1.68	75	—	—	—	1	—
21	黄石市院	142	110.00	0.77	112	—	—	—	—	1
22	黄石港院	47	84.46	1.80	66	—	—	—	1	—
23	西塞山院	47	82.00	1.74	68	—	—	—	1	—
24	下陆区院	37	5.65	0.15	121	—	—	—	—	1
25	铁山区院	29	76.00	2.62	26	—	—	1	—	—
26	阳新县院	111	139.64	1.26	98	—	—	—	1	—
27	大冶市院	130	165.98	1.28	97	—	—	—	1	—
28	十堰市院	142	390.83	2.75	21	—	—	1	—	—
29	茅箭区院	68	111.07	1.63	77	—	—	—	1	—
30	张湾区院	88	155.47	1.77	67	—	—	—	1	—
31	郧县县院	84	122.00	1.45	86	—	—	—	1	—
32	郧西县院	67	61.70	0.92	109	—	—	—	—	1
33	竹山县院	72	323.22	4.49	2	1	—	—	—	—
34	竹溪县院	67	91.00	1.36	93	—	—	—	1	—
35	房县县院	80	90.19	1.13	105	—	—	—	1	—
36	丹江口院	87	264.64	3.04	14	—	1	—	—	—

续表

序号	单位	人数（人）	装备经费（万元）	人均（万元）	排序	4万~5万元的单位（个）	3万~4万元的单位（个）	2万~3万元的单位（个）	1万~2万元的单位（个）	1万元以下的单位（个）
37	荆州市院	154	246.64	1.60	78	—	—	—	1	—
38	沙市区院	100	—	0.00	122	—	—	—	—	1
39	荆州区院	76	146.07	1.92	55	—	—	—	1	—
40	江陵县院	48	97.00	2.02	44	—	—	1	—	—
41	松滋市院	113	180.20	1.59	79	—	—	—	1	—
42	公安县院	107	273.73	2.56	28	—	—	1	—	—
43	监利县院	123	223.18	1.81	63	—	—	—	1	—
44	石首市院	97	199.00	2.05	41	—	—	1	—	—
45	洪湖市院	97	142.22	1.47	85	—	—	—	1	—
46	宜昌市院	150	261.00	1.74	70	—	—	—	1	—
47	西陵区院	56	92.89	1.66	76	—	—	—	1	—
48	伍家岗院	45	190.82	4.24	4	1	—	—	—	—
49	点军区院	27	60.00	2.22	37	—	—	1	—	—
50	虎亭区院	23	59.84	2.60	27	—	—	1	—	—
51	夷陵区院	60	163.00	2.72	22	—	—	1	—	—
52	枝江县院	60	247.68	4.13	5	1	—	—	—	—
53	远安县院	45	109.54	2.43	32	—	—	1	—	—
54	兴山县院	41	110.60	2.70	23	—	—	1	—	—

续表

序号	单位	人数（人）	装备经费（万元）	人均（万元）	排序	4万~5万元的单位（个）	3万~4万元的单位（个）	2万~3万元的单位（个）	1万~2万元的单位（个）	1万元以下的单位（个）
55	秭归县院	51	135.00	2.65	24	—	—	1	—	—
56	长阳县院	54	202.19	3.74	9	—	1	—	—	—
57	五峰县院	41	135.83	3.31	12	—	1	—	—	—
58	宜都市院	56	95.50	1.71	74	—	—	—	1	—
59	当阳市院	62	163.00	2.63	25	—	—	1	—	—
60	葛洲坝院	25	111.95	4.48	3	1	—	—	—	—
61	三峡坝院	37	57.95	1.57	80	—	—	—	1	—
62	襄樊市院	174	247.00	1.42	88	—	—	—	1	—
63	襄城区院	118	203.85	1.73	72	—	—	—	1	—
64	樊城区院	84	159.00	1.89	58	—	—	—	1	—
65	襄阳区院	121	99.54	0.82	111	—	—	—	—	1
66	南漳县院	81	—	0.00	123	—	—	—	—	1
67	谷城县院	85	75.00	0.88	110	—	—	—	—	1
68	保康县院	60	40.00	0.67	116	—	—	—	—	1
69	老河口院	88	177.00	2.01	46	—	—	1	—	—
70	枣阳市院	129	256.00	1.98	48	—	—	—	1	—
71	宜城市院	98	198.00	2.02	45	—	—	1	—	—
72	鄂州市院	93	168.00	1.81	65	—	—	—	1	—

续表

序号	单位	人数（人）	装备经费（万元）	人均（万元）	排序	4万~5万元的单位（个）	3万~4万元的单位（个）	2万~3万元的单位（个）	1万~2万元的单位（个）	1万元以下的单位（个）
73	梁子湖院	27	—	0.00	124	—	—	—	—	1
74	华容区院	40	50.00	1.25	101	—	—	—	1	—
75	鄂城区院	74	160.00	2.16	39	—	—	1	—	—
76	荆门市院	117	49.50	0.42	117	—	—	—	—	1
77	东宝区院	68	124.00	1.82	62	—	—	—	1	—
78	沙洋县院	73	132.00	1.81	64	—	—	—	1	—
79	掇刀区院	36	71.70	1.99	47	—	—	—	1	—
80	京山县院	89	163.32	1.84	61	—	—	—	1	—
81	钟祥市院	100	247.83	2.48	31	—	—	1	—	—
82	孝感市院	110	209.68	1.91	56	—	—	—	1	—
83	孝南区院	140	97.00	0.69	115	—	—	—	—	1
84	孝昌县院	61	118.80	1.95	51	—	—	—	1	—
85	大悟县院	94	141.32	1.50	83	—	—	—	1	—
86	云梦县院	78	95.00	1.22	103	—	—	—	1	—
87	汉川市院	132	467.00	3.54	11	—	1	—	—	—
88	应城市院	131	139.40	1.06	107	—	—	—	1	—
89	安陆市院	103	74.00	0.72	114	—	—	—	—	1
90	黄冈市院	126	181.06	1.44	87	—	—	—	1	—

续表

序号	单位	人数（人）	装备经费（万元）	人均（万元）	排序	4万~5万元的单位（个）	3万~4万元的单位（个）	2万~3万元的单位（个）	1万~2万元的单位（个）	1万元以下的单位（个）
91	麻城市院	107	184.00	1.72	73	—	—	—	1	—
92	武穴市院	82	160.71	1.96	50	—	—	—	1	—
93	黄州区院	86	110.00	1.28	96	—	—	—	1	—
94	团风县院	64	121.98	1.91	57	—	—	—	1	—
95	红安县院	129	165.50	1.28	95	—	—	—	1	—
96	罗田县院	71	137.06	1.93	53	—	—	—	1	—
97	英山县院	65	112.50	1.73	71	—	—	—	1	—
98	浠水县院	110	154.00	1.40	89	—	—	—	1	—
99	蕲春县院	99	149.00	1.51	82	—	—	—	1	—
100	黄梅县院	140	275.00	1.96	49	—	—	—	1	—
101	咸宁市院	109	166.50	1.53	81	—	—	—	1	—
102	咸安区院	105	145.50	1.39	91	—	—	—	1	—
103	嘉鱼县院	63	159.59	2.53	30	—	—	1	—	—
104	通城县院	72	133.10	1.85	60	—	—	—	1	—
105	崇阳县院	66	160.46	2.43	33	—	—	1	—	—
106	通山县院	64	302.65	4.73	1	1	—	—	—	—
107	赤壁市院	75	174.95	2.33	36	—	—	1	—	—
108	恩施州院	108	116.87	1.08	106	—	—	—	1	—

续表

序号	单位	人数（人）	装备经费（万元）	人均（万元）	排序	4万~5万元的单位（个）	3万~4万元的单位（个）	2万~3万元的单位（个）	1万~2万元的单位（个）	1万元以下的单位（个）
109	恩施市院	95	139.70	1.47	84	—	—	—	1	—
110	利川市院	88	242.68	2.76	20	—	—	1	—	—
111	建始县院	64	133.00	2.08	40	—	—	1	—	—
112	巴东县院	65	132.61	2.04	42	—	—	1	—	—
113	宣恩县院	50	102.00	2.04	43	—	—	1	—	—
114	咸丰县院	52	147.66	2.84	18	—	—	1	—	—
115	来凤县院	53	153.70	2.90	17	—	—	1	—	—
116	鹤峰县院	52	122.00	2.35	35	—	—	1	—	—
117	随州市院	84	163.23	1.94	52	—	—	—	1	—
118	曾都区院	50	153.50	3.07	13	—	1	—	—	—
119	广水市院	122	122.00	1.00	108	—	—	—	1	—
120	随县县院	50	140.52	2.81	19	—	—	1	—	—
121	仙桃市院	130	250.00	1.92	54	—	—	—	1	—
122	潜江市院	106	133.24	1.26	99	—	—	—	1	—
123	天门市院	137	171.50	1.25	100	—	—	—	1	—
124	神农架院	43	125.17	2.91	16	—	—	1	—	—
	合计	10976	20 317.94	1.85	—	7	7	32	62	16

表 4－9　2010 年湖北省检察机关装备经费年人均支出情况分析表

单位	财政编制人数（人）	装备费（万元）	人均（万元）	排序	5 万元以上单位（个）	4 万～5 万元的单位（个）	3 万～4 万元的单位（个）	2 万～3 万元的单位（个）	1 万～2 万元的单位（个）	1 万元以下的单位（个）
湖北省院	392	1 395.45	3.56	5	—	—	1	—	—	—
汉江分院	75	260.00	3.47	6	—	—	1	—	—	—
沙洋地区	42	133.28	3.17	8	—	—	1	—	—	—
江北地区	28	148.48	5.30	2	1	—	—	—	—	—
襄樊城郊	33	196.88	5.97	1	1	—	—	—	—	—
武汉市院	405	195.00	0.48	116	—	—	—	—	—	1
开发区院	31	60.51	1.95	54	—	—	—	—	1	—
江岸区院	125	87.80	0.70	113	—	—	—	—	—	1
江汉区院	133	54.78	0.41	119	—	—	—	—	—	1
硚口区院	128	53.10	0.41	118	—	—	—	—	—	1
汉阳区院	102	281.95	2.76	16	—	—	—	1	—	—
武昌区院	135	53.90	0.40	120	—	—	—	—	—	1
青山区院	98	83.00	0.85	108	—	—	—	—	—	1
洪山区院	106	53.00	0.50	115	—	—	—	—	—	1
东西湖院	71	50.00	0.70	112	—	—	—	—	—	1
汉南区院	45	72.00	1.60	73	—	—	—	—	1	—
蔡甸区院	97	120.50	1.24	92	—	—	—	—	1	—
江夏区院	101	180.46	1.79	60	—	—	—	—	1	—

续表

单位	财政编制人数（人）	装备费（万元）	人均（万元）	排序	5 万元以上单位（个）	4 万～5 万元的单位（个）	3 万～4 万元的单位（个）	2 万～3 万元的单位（个）	1 万～2 万元的单位（个）	1 万元以下的单位（个）
黄陂区院	99	128.00	1.29	90	—	—	—	—	1	—
新洲区院	98	167.50	1.71	68	—	—	—	—	1	—
黄石市院	142	141.24	0.99	98	—	—	—	—	—	1
黄石港院	47	95.58	2.03	46	—	—	—	1	—	—
西塞山院	47	82.00	1.74	62	—	—	—	—	1	—
下陆区院	37	7.85	0.21	121	—	—	—	—	—	1
铁山区院	29	76.00	2.62	24	—	—	—	1	—	—
阳新县院	111	150.93	1.36	86	—	—	—	—	1	—
大冶市院	130	155.10	1.19	93	—	—	—	—	1	—
十堰市院	142	290.69	2.05	44	—	—	—	1	—	—
茅箭区院	68	113.87	1.67	71	—	—	—	—	1	—
张湾区院	88	86.65	0.98	99	—	—	—	—	—	1
郧县县院	84	—	—	123	—	—	—	—	—	1
郧西县院	67	64.70	0.97	100	—	—	—	—	—	1
竹山县院	72	323.22	4.49	3	—	1	—	—	—	—
竹溪县院	67	113.97	1.70	69	—	—	—	—	1	—
房县县院	80	90.19	1.13	95	—	—	—	—	1	—
丹江口院	87	153.64	1.77	61	—	—	—	—	1	—

续表

单位	财政编制人数（人）	装备费（万元）	人均（万元）	排序	5万元以上单位（个）	4万～5万元的单位（个）	3万～4万元的单位（个）	2万～3万元的单位（个）	1万～2万元的单位（个）	1万元以下的单位（个）
荆州市院	154	237.98	1.55	75	—	—	—	—	1	—
沙市区院	100	43.00	0.43	117	—	—	—	—	—	1
荆州区院	76	151.07	1.99	53	—	—	—	—	1	—
江陵县院	48	98.05	2.04	45	—	—	—	1	—	—
松滋市院	113	195.20	1.73	67	—	—	—	—	1	—
公安县院	107	145.64	1.36	85	—	—	—	—	1	—
监利县院	123	230.62	1.87	57	—	—	—	—	1	—
石首市院	97	155.00	1.60	74	—	—	—	—	1	—
洪湖市院	97	136.50	1.41	83	—	—	—	—	1	—
宜昌市院	150	199.00	1.33	88	—	—	—	—	1	—
西陵区院	56	51.23	0.91	104	—	—	—	—	—	1
伍家岗院	45	126.20	2.80	14	—	—	—	1	—	—
点军区院	27	60.00	2.22	34	—	—	—	1	—	—
虎亭区院	23	63.65	2.77	15	—	—	—	1	—	—
夷陵区院	60	173.00	2.88	12	—	—	—	1	—	—
枝江县院	60	140.48	2.34	30	—	—	—	1	—	—
远安县院	45	105.54	2.35	29	—	—	—	1	—	—
兴山县院	41	112.60	2.75	18	—	—	—	1	—	—

续表

单位	财政编制人数（人）	装备费（万元）	人均（万元）	排序	5万元以上单位（个）	4万~5万元的单位（个）	3万~4万元的单位（个）	2万~3万元的单位（个）	1万~2万元的单位（个）	1万元以下的单位（个）
秭归县院	51	149.00	2.92	11	—	—	—	1	—	—
长阳县院	54	131.19	2.43	26	—	—	—	1	—	—
五峰县院	41	131.45	3.21	7	—	—	1	—	—	—
宜都市院	56	97.50	1.74	63	—	—	—	—	1	—
当阳市院	62	163.00	2.63	23	—	—	—	1	—	—
葛洲坝院	25	59.95	2.40	27	—	—	—	1	—	—
三峡坝院	37	64.17	1.73	65	—	—	—	—	1	—
襄樊市院	174	227.00	1.30	89	—	—	—	—	1	—
襄城区院	84	173.00	2.06	40	—	—	—	1	—	—
樊城区院	118	176.72	1.50	78	—	—	—	—	1	—
襄阳区院	121	99.54	0.82	109	—	—	—	—	—	1
南漳县院	81	10.00	0.12	122	—	—	—	—	—	1
谷城县院	85	77.00	0.91	105	—	—	—	—	—	1
保康县院	60	—	—	124	—	—	—	—	—	1
老河口院	88	181.00	2.06	41	—	—	—	1	—	—
枣阳市院	129	265.00	2.05	42	—	—	—	1	—	—
宜城市院	98	91.00	0.93	103	—	—	—	—	—	1
鄂州市院	93	251.92	2.71	20	—	—	—	1	—	—

续表

单位	财政编制人数（人）	装备费（万元）	人均（万元）	排序	5万元以上单位（个）	4万~5万元的单位（个）	—3万~4万元的单位（个）	2万~3万元的单位（个）	1万~2万元的单位（个）	1万元以下的单位（个）
梁子湖院	27	61.00	2.26	33	—	—	—	1	—	—
华容区院	40	150.65	3.77	4	—	—	1	—	—	—
鄂城区院	74	66.80	0.90	106	—	—	—	—	—	1
荆门市院	117	59.50	0.51	114	—	—	—	—	—	1
东宝区院	68	98.00	1.44	79	—	—	—	—	1	—
沙洋县院	73	138.00	1.89	56	—	—	—	—	1	—
掇刀区院	36	73.70	2.05	43	—	—	—	1	—	—
京山县院	89	165.88	1.86	58	—	—	—	—	1	—
钟祥市院	100	315.17	3.15	9	—	—	1	—	—	—
孝感市院	110	229.80	2.09	38	—	—	—	1	—	—
孝南区院	140	113.00	0.81	111	—	—	—	—	—	1
孝昌县院	61	122.80	2.01	47	—	—	—	1	—	—
大悟县院	94	157.42	1.67	70	—	—	—	—	1	—
云梦县院	78	99.40	1.27	91	—	—	—	—	1	—
汉川市院	132	152.10	1.15	94	—	—	—	—	1	—
应城市院	131	114.00	0.87	107	—	—	—	—	—	1
安陆市院	103	84.00	0.82	110	—	—	—	—	—	1
黄冈市院	126	345.06	2.74	19	—	—	—	1	—	—

续表

单位	财政编制人数（人）	装备费（万元）	人均（万元）	排序	5万元以上单位（个）	4万~5万元的单位（个）	3万~4万元的单位（个）	2万~3万元的单位（个）	1万~2万元的单位（个）	1万元以下的单位（个）
麻城市院	107	186.00	1.74	64	—	—	—	—	1	—
武穴市院	82	164.36	2.00	51	—	—	—	1	—	—
黄州区院	86	115.48	1.34	87	—	—	—	—	1	—
团风县院	64	139.36	2.18	36	—	—	—	1	—	—
红安县院	129	120.50	0.93	102	—	—	—	—	—	1
罗田县院	71	142.84	2.01	48	—	—	—	1	—	—
英山县院	65	112.50	1.73	66	—	—	—	—	1	—
浠水县院	110	150.00	1.36	84	—	—	—	—	1	—
蕲春县院	99	164.00	1.66	72	—	—	—	—	1	—
黄梅县院	140	279.00	1.99	52	—	—	—	—	1	—
咸宁市院	109	166.50	1.53	76	—	—	—	—	1	—
咸安区院	105	151.00	1.44	81	—	—	—	—	1	—
嘉鱼县院	63	170.29	2.70	21	—	—	—	1	—	—
通城县院	72	136.64	1.90	55	—	—	—	—	1	—
崇阳县院	66	158.20	2.40	28	—	—	—	1	—	—
通山县院	64	147.80	2.31	31	—	—	—	1	—	—
赤壁市院	75	164.99	2.20	35	—	—	—	1	—	—
恩施州院	108	102.77	0.95	101	—	—	—	—	—	1

续表

单位	财政编制人数（人）	装备费（万元）	人均（万元）	排序	5 万元以上单位（个）	4 万～5 万元的单位（个）	3 万～4 万元的单位（个）	2 万～3 万元的单位（个）	1 万～2 万元的单位（个）	1 万元以下的单位（个）
恩施市院	95	136.50	1.44	82	—	—	—	—	1	—
利川市院	88	234.88	2.67	22	—	—	—	1	—	—
建始县院	64	138.00	2.16	37	—	—	—	1	—	—
巴东县院	65	116.25	1.79	59	—	—	—	—	1	—
宣恩县院	50	103.19	2.06	39	—	—	—	1	—	—
咸丰县院	52	118.00	2.27	32	—	—	—	1	—	—
来凤县院	53	106.50	2.01	49	—	—	—	1	—	—
鹤峰县院	52	130.00	2.50	25	—	—	—	1	—	—
随州市院	84	121.00	1.44	80	—	—	—	—	1	—
曾都区院	50	138.08	2.76	17	—	—	—	1	—	—
广水市院	122	126.47	1.04	97	—	—	—	—	1	—
随县县院	50	143.97	2.88	13	—	—	—	1	—	—
仙桃市院	130	261.00	2.01	50	—	—	—	1	—	—
潜江市院	106	159.12	1.50	77	—	—	—	—	1	—
天门市院	137	151.50	1.11	96	—	—	—	—	1	—
神农架院	43	130.96	3.05	10	—	—	1	—	—	—
合计	10 976	18 128.35	1.65	—	2	1	7	41	46	27

在很大程度上依附于本地区经济发展水平。在经济落后地区，地方财政无力安排装备资金，检察装备建设资金缺口较大，许多检察科技装备的运行与维护经费没有列入财政预算项目，装备的购置、更新和日常运行维护没有经费保障，加之近年来检察机关“两房”建设及信息化建设投入比例增大，其他装备更新受到不同程度的影响。由于装备经费保障存在体制性障碍，加之许多地方挪用装备经费弥补人员经费、公用经费不足，为解决装备经费紧缺问题，不得不采取变通的办法，实行收支挂钩、以收定支、赃款返还奖励等政策措施，滋生办案为钱、为钱办案，执法不公、不严、不廉等问题。

（二）装备建设标准亟待完善

从现行检察装备建设的标准或指导性文件看，一是系统性不够强。如在业务装备配备方面，《指导标准》出台后，各省级业务装备配备的实施标准还在研究之中，实践中的主要依据是高检院《人民检察院器材设备配备纲要》（高检发装字［2003］14 号，以下简称《纲要 1》）、《人民检察院 2008～2010 年科技装备发展规划纲要》（高检发装字［2007］26 号，以下简称《纲要 2》）、《2009～2013 年全国检察信息化发展规划纲要》《2009～2013 年人民检察院司法鉴定实验室建设规划》《地方各级人民检察院业务用车编制标准》（高检发装字［2003］7 号，以下简称《标准 1》）、《人民检察院司法警察装备配备暂行规定》（高检发政字［2007］28 号，以下简称《规定》）、《检察服技术标准》（以下简称《标准 2》），公务用车依照国家和当地政府的有关规定配备，枪支与司法警察服装参照公安机关执行，检察人员培训装备还未纳入其中，总体上还没有形成较为完整的检察装备配备标准体系。二是统一性不够强。有关检察装备配备的标准与规定均不同程度地体现了装备建设“属地管辖”倾向。如《指导标准》规定，各省级财政部门可会同省（自治区、直辖市）级人民检察院，结合本省实际情况，制定本省县级人民检察院业务装备实施标准。《纲要1》中规定，经费保障较好的地方检察院可参照其上一级检察院配备装备，为装备保障地区发展不平衡预留了空间。三是针对性不够强。《纲要1》将器材设备配备分为信息网络设备、侦查诉讼设备、检验鉴定设备、通信指挥设备、安全保密防范设备、诉讼档案管理设备6类；《纲要2》将其重新分为信息化建设装备、检察业务专用装备、办公通用装备、技术检验鉴定装备等5类，这些都倾向于学理上按器材设备性质的归类，没有直接反映检察机关各内设机构对装备资源配置的不同需求。四是操作性不够强。现有装备配备标准和相关规定大多仅限于提出装备配备项目，《指导标准》对装备配备的项目、数量、功能虽有所涉及，但有待细化；《纲要2》仅就办案车辆、主诉检察官的装备配备提出指导性意见，具体实施弹性空间较大。由于装备配备标准体系不完善，装备资源配置不科学，难以实现检察机关装备保障供需均衡，与检察工作的协调发展不相适应。

（三）装备管理机制不够健全

虽然检察机关各地各级在装备设施的计划、采购、使用、维修、折旧、处理等环节都制定了相应的管理制度，但在装备管理上仍是“画地为牢”，缺乏政法机关之间和检察机关之间共享共用装备的相关机制，各行其是，难以形成装备保障的整体性和统一性，容易造成装备资源的浪费。在信息化建设中，以部门、条线运作的各类系统时有出现，虽然可相对解决一些问题，但很容易造成信息孤岛，与其他系统不能兼容，不能进行信息交换和共享，技术和系统框架不能升级和适应需求变化，最后造成使用上效率低下，资金上重复投资。

（四）检察业务快速发展对装备的保障需求不断增大

一是办案工作量大幅上升。2010年与2006年相比较，全国检察机关受理审查批捕刑事犯罪案件的件数与人数分别上升15.2%和17.4%，批准逮捕犯罪嫌疑人上升13.5%；受理审查起诉刑事犯罪案件的件数与人数分别上升21.3%和26.9%，决定起诉犯罪嫌疑人上升27.1%。二是办案难度明显加大。职务犯罪作案件手段日趋狡诈、隐蔽，反侦查能力增强，特别是随着跨地区、跨国（境）犯罪的增多，腐败犯罪发现难、突破难、固定证据难，各项诉讼活动监督任务加重，原来一个办案小组就能完成的工作，现在需要更多的人力和装备作保障。三是办案要求越来越高。随着社会的发展尤其是“国家尊重和保障人权”写入宪法，对查办职务犯罪工作的要求越来越高，检察机关既要坚决惩治贪污贿赂等职务犯罪，又必须坚持严格、规范、文明执法，安全办案，对检察装备设施保障工作提出了新的更高要求。

四、对策与建议

研究解决检察装备保障体制性、机制性问题，是贯彻落实党的“十七大”精神和依法治国方略，提高检察机关法律监督能力的迫切需要。“十二五”时期，检察机关装备建设应坚持以“科技强检”为目标，突出检察业务工作需求，按照统一保障、统一标准、统一管理、协调发展的原则，优化装备资源配置，逐步建立科学的检察装备保障体系。

（一）建立国家公共财政相对均等化统一保障的装备保障机制

由国家提供相对均等化统一保障的体制和机制是实现司法公正、维护国家法制的统一、尊严与权威、建立公正高效权威的司法制度的基本保证。建议将检察机关的装备建设经费纳入国家公共财政相对均等化统一保障体制内，由中央财政统一保障，不再实行中央司法事权统一行使与地方财政分级保障分离，从体制上、源头上治理装备保障不平衡等问题。

（二）建立科学的检察装备配备标准

科学构建技术装备配备标准，是加强检察机关装备的规范化、现代化建设，提高检察机关装备保障水平的基础。建议在实行国家公共财政均等化统一保障体制的前提下，以贯彻落实《指导标准》为契机，按照“需求主导、合理布局，实用节约、适度前瞻，立足当前、兼顾未来，通俗简便、易于操作”的原则，根据检察机关各内设机构的工作职能，分检察业务装备、技术检验鉴定装备、综合办公装备、基础信息网络装备和人员教育培训装备，逐步建立相对统一的装备配备标准，使装备保障标准更具有针对性、可行性和可操作性。

（三）建立装备保障正常增长机制

针对现行装备费在检察经费收入支出的比重偏低、经费来源主要靠追赃返还等情况，建议将现有装备费在检察经费中的收入支出比例提高到20%～22%，装备费收入一律与追赃脱钩，并将装备配备标准与基础设施建设纳入中央国民经济发展规划，实行短期、中期、长期规划安排，合理配置一次性投资与日常运行、维护、维修、折旧、更新投资的支出结构，提升检察装备保障水平。

（四）建立统一的装备管理机制

规范资产管理及使用维护管理工作，明确管理责任，是装备设备稳定可靠运行的保证。建议参照国税、海关等垂管部门的做法，建立全国检察系统统一的技术装备管理制度，从装备设备的计划、申请、采购、安装、验收、维护、维修、更新到处理等，实行统一控制；探索建立政法机关之间、检察机关之间装备建设共享共用机制，最大限度发挥装备设施的使用效益。

基础设施篇

关于检察机关基础设施建设情况调研分析报告

建设功能齐全、经济适用的检察基础设施，是开展法律监督工作的基础和前提。“十二五”时期，检察机关应深入推进基础设施建设保障体制改革，完善基础设施建设标准，建立历史债务化解机制，推行基础设施新建会审机制，探索政府主导的基础设施社会化管理模式，为检察工作科学发展提供物质保障。

根据高检院的调研要求，我们对全国检察机关基础设施建设情况进行了调研分析，现报告如下。

一、基本情况及特点

“十一五”期间，尤其是《中共中央转发〈中央政法委员会关于深化司法体制和工作机制改革若干问题的意见〉的通知》（中发[2008]19号）文件施行以来，各级检察机关积极争取中央和各级党委、政府支持，加大投入力度，基础设施建设有了长足的发展，为检察机关执法办案、综合管理、全面履行法律监督职能提供了有力保障。

（一）基础设施建设保障机制逐步健全

2009 年，中办、国办下发了《关于加强政法经费保障工作的意见》（厅字［2009］32 号），2011 年，又转发了《国家发展和改革委员会关于进一步加强地方政法基础设施建设规范投资保障机制的意见》（厅字［2011］4 号）；2010 年，建设部、发改委发布了高检院修订的《人民检察院办案用房和专业技术用房建设标准》（以下简称“两房”建设标准），2011 年，又发布了高检院制定的《国家检察官学院分院建设标准》（以下简称“分院”建设标准），这些政策措施的出台，为检察机关加快改变办公条件简陋、办案及专业技术无用房或功能不完善、教育培训场所匮乏，全面加强基础设施建设提供了机制保障。

（二）基础设施建设投入力度逐步加大

各级党委政府高度重视，把“两房”等检察基础设施建设纳入当地国民经济发展规划，与经济社会发展建设同步实施，一并抓落实。据统计，2006～2010 年，全国检察机关“两房”建设总投资 460 多亿元，其中，中发［2008］19 号文件实施以来，2009 年中央下达全国检察机关预算内投资项目 388 个，2010 年 590 个，计划总投资 49 亿元。先后有 15 个省级院建成、在建或筹建国家检察官学院分院。湖北省检察机关“两房”建设总投入 13 亿元。其中，中央补助投资 2.99 亿元，占总投入 23%；地方投入 8.73 亿元（尚有欠款 2.4 亿元），占 67.15%；检察机关通过追缴赃款返还投入 1.28 亿元，占 9.85%。

（三）基础设施条件有了较好改善

各级检察机关紧紧围绕办案和专业技术用房、办公用房的需求，按照统筹规划、合理布局、坚持标准、厉行节约、分类指导、有序推进、突出重点、基层优先的原则，抓紧推进“两房”建设，力求“两房”功能齐全、经济适用、简朴庄重。据统计，2006～2010年，全国检察机关“两房”建设总面积1 428.9万平方米，90%的检察院基本完成了“两房”建设任务。湖北省检察机关新建、改扩建“两房”54.84万平方米，人均达到51.5平方米。办案和专业技术用房、办公条件的改善，较好地促进了各级检察工作的顺利开展。

二、问题及表现

（一）地区发展差异大

东部经济发达地区的检察机关“两房”建设，普遍采取了整体搬迁新建，在标准和规模上，按照“两房”建设标准的上限进行建设，且充分考虑了功能和布局的适度前瞻性，建设的质量和水平较高。中、西部经济欠发达地区检察机关的“两房”建设，大多数是在原办公或办案用房的基础上进行改扩建，建设的标准和规模一般都以“两房”建设标准的下限进行建设，立足于经济适用，尤其是在少数地方，因存在立项难、征地难、落实投资难的问题，至今无法启动“两房”建设，与东部地区相比差距比较明显。

（二）维护经费缺口大

检察机关办案用房和专业技术用房建成后，维修管理经费缺口较大，产生了新的经费负担。厅字［2009］32 号文件明确规定，基础设施维修经费由同级政府负担。但在中西部欠发达地区的检察机关尤其是基层检察机关，受地方经济条件制约，这些经费难以保障到位。据测算，湖北省基层检察机关每年基础设施维修管理经费达1 300多万元，同级财政部门无力保障，基层院自身无力解决，使基础设施维护管理陷入困境。

（三）“两房”建设投入不足

厅字［2009］32 号文件实施以前，检察基础设施建设资金采取中央补助、地方配套、检察机关自筹相结合的办法，普遍存在资金缺口，负债较重。据统计，截至 2009 年年底，除北京、上海外，其余 30 个省区市检察机关均有基建欠款，总额达 63 亿多元，其中欠款最多的省达到 6.68 亿元；湖北省检察机关“两房”建设欠款 2.4 亿元，人均 2.19 万元，其中欠款最多的监利县院达 650 万元，人均 5.7 万元。修改后刑诉法的实施，对“两房”建设提出了新的要求，需要建监视居住场所，据测算，湖北省检察机关共需建设监视居住场所 16 个，每个监视居住场所需要经费约 4 300万元，前期总投入经费将再增加大约 6.88 亿元。

（四）改扩建任务重

近年来，检察机关对“两房”的用房需求和功能都发生了很大的变化，新修订的“两房”标准，根据新任务、新要求，适时进行了调整。今后一个时期，全国检察机关尤其是省、地（市）级院以及中西部经济欠发达地区的基层院改扩建“两房”的任务较为繁重。另外，检察官学院分院的数量和规模还很不适应检察教育培训任务的需求，还处于严重缺乏状态，而且目前已经建成或在建的分院，在校园布局和功能等方面也存在不科学、不合理、不规范的现象，所以新建、改扩建国家检察官学院分院的任务量也非常大。

（五）赃款返还解决基础设施建设经费问题仍然存在

据统计，2006~2010年，全国检察机关靠赃款返还解决基础设施建设经费21.24亿元，占建设经费总投入17.08%，其中东部地区为11.95%，中部地区23.07%，西部地区为16.82%。赃款返还成为基础设施建设经费的一个重要来源。

三、缺陷及根源

（一）保障体制有缺陷

现行“明确责任、分类负担、收支脱钩、全额保障”的保障体制，虽然比改革前“分灶吃饭、分级负担”的保障体制有了很大的改进，但仍然没有从根本上彻底性地解决司法机关的经费保障问题。改革前，检察机关基础设施建设经费主要靠同级地方财政拨款和中央微薄补助，保障投入很大程度上依赖于本地区经济发展水平。改革后，厅字［2011］4号文件将全国划分为五类地区，明确了中央、省级和同级投资分担的比例，但在二、三、四、五类的部分地区，仍有不少地方财力无法安排相应的配套资金，检察基础设施建设要么无法启动，要么会造成新的资金缺口。同时，基础设施的维修经费由同级政府负担，受地方财力的制约，部分检察机关基础设施的日常运行经费预算投资安排挂了空档。所以，保障体制是制约检察基础设施建设整体水平的根本原因。

（二）标准体系欠完善

一是新修订的“两房”建设标准，在涵盖范围上，只明确了县级以上检察机关的“两房”建设，对乡镇检察室的“两房”建设没有纳入其中；在建设规模上，只对省级院、地市级院的用房项目和面积指标进行了较大调整和提高，而对基层院只是调整完善了用房项目，面积没有明显提高。二是厅字［2011］4号文件，明确了中西部地区乡镇基层人民法庭、乡镇派出所、乡镇司法所均是今后一个时期中央重点支持的建设项目，而将乡镇检察室的建设排除在外。三是新发布的“分院”建设标准只明确了省级检察机关教育培训机构的建设标准，没有明确地市级培训机构的建设标准。标准体系的不完善，导致了新一轮发展建设的不平衡，也不利于检察事业的全面协调发展。

（三）管理机制不健全

一是认识上有误区。有的认为建设是“硬指标”，管理是“软任务”，存在重建设轻管理现象。二是管理制度不健全。基础设施建成后，有的地方功能不统一、职责划分不明，管理不够规范，使用效能不高。三是管理力量薄弱。随着基础设施的改扩建，管理任务加重，对管理人员的需求不断增加。由于检察机关特别是基层检察院人员编制紧缺，又没有足够的经费保障推行社会化管理，造成基础设施管理力量薄弱与管理工作需求增大之间的矛盾十分突出。

四、影响及危害

（一）制约法律监督能力的履行

办案用房是检察机关在办案工作中因安全、保密需要而相对独立设置的特殊用房；专业技术用房是运用各种专业技术手段和专门设施条件进行检验鉴定而需相对独立设置的特殊用房；国家检察官学院及分院是对检察人员进行岗位培训的基地，是开展检察教育培训工作的专门场所。目前，全国还有 10% 的检察院没有完成“两房”建设，在中西部地区特别是基层，即使已经完成“两房”建设的一些检察院，由于受当地政府财力所限，用房功能也无法完全满足办案和专业技术工作的需要。办案缺乏基本的设施保障，影响了检察机关整体法律监督能力的提升。

（二）制约检察机关形象的提升

全国检察机关基础设施建设欠债数额大，在 94% 的省份普遍存在，拖欠的费用主要有承建单位建设费用、装修及配套设施费用、征地拆迁补偿费用等，拖欠的对象涉及方方面面。承建部门敢于垫资兴建，就是信任检察机关这块“招牌”，但长期不能了结债务，极大地损害了检察机关在社会各阶层及人民群众中的形象。另外，因维修管理经费的欠缺，一些检察机关在基础设施的维护上无力顾及，造成大楼外观形象过得去但内在配套设施及维护管理不到位的“有马缺鞍”现象，给来访的群众形成了不好的印象。

（三）制约执法公信力的提高

检察基础设施是体现国家法律尊严和司法权威，展示司法文明和法治精神，进行司法活动的法定场所，也是人民检察院落实司法为民要求的重要设施。作为保障检察工作最基本需要的基础设施的欠缺或功能的不完善，不能为人民群众提供最便捷、最高效的法律监督服务，必然影响检察机关作为维护法律统一正确实施的法律监督机关在百姓心中的信任度，检察执法公信力在人民群众的口碑中会大打折扣。

五、对策及建议

（一）改革基础设施建设保障体制

检察权是中央事权，理应由国家公共财政提供足额保障。检察基础设施是检察机关履行法律监督职能的物质基础，是检察保障的重点内容之一。在现行政法经费保障体制下，建议改革完善基础设施建设的保障办法，将政法检察基础设施建设纳入国民经济发展规划，由中央、省级投资，发改委、财政、检察院统一规划、合理布局、项目实施，有计划、分步骤地推进建设，完工后再提供给各级检察机关使用，投资主体拥有所有权，检察机关拥有使用权。从体制上、源头上解决基础设施建设保障不平衡等突出问题，从体制上为维护国家司法权威、维护法制统一与尊严提供物质保障。

（二）完善基础设施建设标准体系

针对现行“两房”建设标准，建议增补乡镇检察室的基础设施建设标准，并根据检察工作发展需要，适度提高基层检察机关的“两房”面积指标，为检察事业的发展预留合理空间。为适应各层次各类别检察队伍教育培训任务的需要，在高检院已明确国家检察官学院及分院建设的基础上，建议增设地市级教育培训中心，由地市级人民检察院主管，建立相应的教育培训基础设施建设标准。同时，针对检察教育培训设施投入不足的实际状况，建议发改委将教育培训设施建设纳入国民经济发展规划，列入项目库管理，逐年安排实施。

（三）建立基础设施建设债务化解机制

基础设施建设债务是一个共性问题，这个问题如果不能很好地解决，将直接影响基层检察院的建设和领导的工作精力，不利于检察事业的发展。全国“两房”建设规划实施以来，不少的检察机关为债务所困扰，有的包袱沉重。建议利用5年的时间，力争在“十二五”时期，基本化解历史欠债。可供选择方案有三：一是积极争取中央的支持，在每年转移支付资金中安排专款用于各地检察机关偿债，每年20%，5年还清。二是由中央和省级政府各负担50%，在转移支付资金中安排。三是由各省出台政策，将全省检察机关基本建设债务冻结后从检察机关剥离出来，纳入当地政府大盘子予以化解。

（四）推行基础设施新建会审机制

在现行基础设施建设保障体制下，建议建立新建会审机制。一是做好“两房”项目申报评估工作。根据修订后的“两房”建设标准及全国检察机关“两房”的现状，建议地市级、县级“两房”今后申报的重点是新增检察院、乡镇检察室，及办案区用房、案件线索管理分析用房、人民监督员用房、信息化建设用房、控告申诉举报投诉受理接待中心用房、安防监控中心用房、侦查指挥中心用房、档案查阅用房、技术检验鉴定中心用房9类用房功能缺位的项目。凡申报的地方都要对原建与新建“两房”进行综合评估，按照科学规划、从严控制、专家评审，省市县三级评审的办法确定，防止新一轮“两房”建设攀比的不正之风。二是严格规范工程建设审核报批程序。所有需要“两房”建设的单位，在向当地发改委等部门报批的同时，一律报省级院“两房”建设工程领导小组审批，实行省级发改委、省级检察院双重审核把关。三是纳入当地建设统一规划。争取同级政府的支持，落实相关建设条件，有针对性地做好检察基础设施建设申报工作。四是严肃基础设施建设工程纪律。严禁超过建设规定标准，严禁手续不齐全及未经省级院核准先开工建设，严禁办公楼超面积，严禁超豪华装修。

（五）探索政府主导的基础设施社会化管理

为解决政法检察机关基础设施维修管理经费欠缺、管理模式不统一不规范、管理水平不高效果不好等问题，建议由各级地方政府统一主导包括检察机关在内的所有国家机关的基础设施的管理，即统一安排经费、统一招募雇员、按照统一标准进行日常维护、保养和修缮。推行这种社会化管理模式后，能让检察机关从日常管理琐事中腾出更多的人力物力财力，更好地投入到检察工作中去。据了解，湖北省个别地方已实行了这种管理模式，实践证明效果较好。

队伍建设篇

关于检察保障队伍能力建设情况调研分析报告

【提要】一支过硬的检务保障队伍，是做好新时期新形势下各项检务保障工作的基础。“十二五”及今后时期，应进一步提高对加强检务保障队伍建设的认识，理顺检务保障机构设置，强化检务保障教育培训和人才引进工作，完善管理机制，努力打造一支讲大局、善协调、会管理、业务精、律己严、作风硬的检务保障队伍。

根据高检院的调研要求，我们对检务保障队伍建设情况进行了调研分析，现报告如下。

一、基本情况

近年来，随着检察事业的科学发展和检察队伍建设的不断加强，检务保障队伍建设也取得了新的成效。检务保障专业人才不断增加，文化、专业结构不断改善，综合素质不断提升，管理能力不断增强，检务保障水平不断提高，为顺利开展检务保障工作奠定了较为坚实的基础。长期以来，检务保障人员胸怀大局、爱岗敬业、热情服务、艰苦奋斗、廉洁自律、乐于奉献的精神，受到各级领导的好评和广大干警的赞誉。

二、问题及表现

在肯定成绩的同时，我们也清醒地看到检务保障队伍建设中还存在一些不容忽视的薄弱环节和问题。

（一）机构设置不统一

目前，从高检院到基层院，计财装备部门机构设置不一致，有的单设了保障机构，有的与办公室混编，有的只明确专职人员，有的与机关服务中心合并在一起，上下机构不统一，领导关系不顺畅，工作职能互相交叉，影响了检务保障工作的开展。以湖北省为例，全省 126 个检察院中，设置了专门计财装备机构的有 67 个，占 53.17%，没有设置专门计财机构的有 59 个，占 46.83%。机构名称亦不统一，省院设“计划财务装备处”，市县两级院有的设“计财处（科）”，有的设“行政装备处（科）”，机构名称不能准确反映职能任务。

（二）人员结构不合理

据调查，各级计财装备人员构成复杂，大多是军转干部、没有通过司法考试的干部、未取得政法编制的人员或不适合到办案一线的干警。以湖北省检察机关为例，全省计财装备人员 485 人，其中军转干部占 32%，没有通过司法考试的干部占 68%，未取得政法编制的人员占 12%，不适合到办案一线的干警占 38%。从内部结构上看，湖北省各级检察机关中，配置了专职会计人员的仅有 54 个，占

42.86%，没有配置专业会计人员的72个，占57.14%。从所学专业上看，财务、工程管理、行政管理等专业毕业的仅有125人，占26%。从学历上看，具有研究生学历7人，大学本科362人，大学专科97人，高中及高中以下19人，分别占总人数的1.44%、74.64%、20%、3.92%。从年龄结构上看，35岁以下的85人，36~49岁286人，50岁以上114人，分别占总人数的17.53%、58.97%、23.5%。专业人才的缺乏、学历偏低、年龄偏大等结构性障碍，成为检务保障队伍建设的“瓶颈”。

（三）综合素质不够高

一是专业知识不扎实。在一些基层院，有的财务人员经常出现科目设置不科学、会计账簿不完整、对财务制度和规定一知半解等现象。有的“两房”建设管理人员对工程建筑的基本知识不了解，更谈不上工程管理。二是知识面较窄。不少检务保障人员的知识面仅限于单项工作，对其他知识特别是现代管理知识学习掌握较少，达不到“一专多能”的要求。还有一些从事后勤工作的人员喜欢跑跑颠颠，干一些看得见、摸得着的事，观察和处理问题就事论事，不善于把感性的东西上升到理性的高度，不注意总结经验教训，形不成自己的观点和思路。三是敬业精神不够强。主要是一些后勤人员工作热情不高、标准低，不愿管、不敢管。有的认为“后勤管理是服侍人的差事”，有的担心严格管理会导致上级穿“小鞋”、同级“丢选票”、下级“留骂名”，不敢较真碰硬，见困难就躲，见矛盾就让，不求有功，但求无过。有的习惯于领导让干啥就干啥，让咋干就咋干，缺少积极性、主动性，成天忙于具体事务，对检务保障新知识、新政策、新理论学习研究不够，对工作缺乏深层次思考和探究，对检务保障工作规律把握不准、认识不够。

三、根源及影响

检务保障队伍建设的滞后，导致检务保障工作不能更好适应形势的发展和需要，影响了整个检察事业的科学发展。

（一）对检务保障队伍建设重视不够

有的领导对检务保障工作的重要性认识不足，没有将其摆到与业务工作同等位置。一是不按工作需要设置检务保障机构。有的领导认为只要有人管钱管物就行，设不设机构并不重要，没有认清检务保障与管理在检察事业发展中的地位和作用。二是对检务保障人员配置重视不够。有的领导认为后勤工作都是一些琐碎杂事，只要有人干就行，不需要高学历的专门人才。在单位招录公务员或者吸纳选调生时，往往将招录对象的专业限定为法律、中文，优先满足办案部门和文秘岗位，很少招录财会等后勤管理专业人才，计财装备部门的专门人才大多数是从军队转业干部中补充的。2006 年以来，湖北省检察系统没有招录一名计财装备人才。三是对检务保障人员关爱不够，对其政治和经济待遇考虑不多，导致不少检务保障人员不安心本职工作，影响了检务保障队伍的稳定。

（二）检务保障人员教育培训机制不健全

据调查，国家检察官学院及分院都没有专门的检务保障培训教材和师资力量，而且检务保障人员的后续教育严重缺乏。2009 年以来，全国检察系统共组织计财装备系统人员短期培训 7 198人次，计财装备系统实有人数18 281人，按每人培训一次计算，受训人员仅在3/1左右。另一方面，由于检务保障人员身兼多职，无法抽出较为集中的时间参加业务培训，培训机会很少。由于专业素质的影响，部分检务保障人员在实际工作中，不会管，不善管，凭老经验安排工作、思考问题，导致检务保障资源浪费、效益低下、管理不规范的现象时有发生。

（三）检务保障队伍管理机制不够健全

检务保障人员岗位门类多，涉及工作面广，需要一套科学规范的管理机制。但目前的检务保障队伍管理机制存在以下不足：一是没有针对检务保障技术人才的管理模式。目前在检察机关内部，对检务保障管理人员仅从行政级别和法律职称管理，对其技术职级没有给予重视，没有建立检务保障人员类正常的职级待遇和晋升机制，导致检务保障人员工作积极性不高，对所从事的工作缺乏深入钻研，不安心本职工作。二是缺乏有效的用人激励机制。由于检务保障工作难以量化考核，基本上凭领导的印象确定工作成绩的优劣，导致不少同志安于现状，因循守旧，没有形成一个激励的良好氛围。三是缺少相应的教育监督机制。检务保障人员更多的接触财和物，随着社会主义市场经济的深入发展，市场经济利益法则也影响着人们的人生观、价值观，一些腐朽落后的东西也在不断侵蚀，这些都使检察保障队伍建设不断遇到新情况、新问题。但不少基层院领导只看到了检务保障人员辛苦的一面，思想政治教育工作没有跟上，对检务保障规章制度的落实缺乏严格的监督，监督力度不大，标准不高，要求不严，并缺乏系统性、经常性和权威性。

四、对策与建议

加强检察经费保障工作是一项长期而艰巨的任务，需要专门的管理机构和高素质的专业队伍。针对检务保障队伍建设中存在的问题及其原因，“十二五”及今后时期应主要抓好以下几个方面的工作。

（一）进一步提高检务保障队伍建设的认识

要以高检院关于加强计财装备队伍建设的一系列要求统一各级领导的思想，切实克服各种模糊认识，自觉坚持检察业务队伍建设和检务保障队伍建设两手抓、两手硬；坚持对检务保障队伍建设常抓不懈、常抓常新、齐抓共管，始终把检务保障队伍建设摆在应有的位置上。加强对检察保障队伍建设的调研和理性思考，以科学发展观为指导，遵循检察保障工作发展规律和现代管理科学规律，建立加强检务保障队伍建设的长效机制。要对检务保障部门和干部“高看一等，厚爱一分”，重视解决检务保障人员的政治和经济待遇，注重其技术职级的落实，放手发挥其特长，努力创造吸引人才、留住人才的环境，防止计财装备人员流失。进一步加大检务保障专门人才的引进力度，招录一批学习后勤管理专业的毕业生，充实新鲜血液。

（二）进一步理顺检务保障机构设置

在新的形势下，各级检察机关检务保障部门只能加强，不能削弱。要根据检察机关实际和检务保障的特点，统一计财装备机构名称，健全内部岗位配置，配齐配强班子，尽快适应改革的新要求。从上到下可以“计划财务装备局”“计划财务装备处”“计划财务装备科”命名，统一机构，统一名称，统一职能。基层院可按干警总数5%的比例配置检务保障人员。

（三）进一步强化检务保障教育培训工作

搞好教育培训工作，是检察保障队伍建设的主要途径。一是要认真编制检务保障干部培训规划，并纳入“十二五”及今后检察教育培训的整体格局。二是在国家检察官学院和各分院设立检务保障专业，引进、培养、选拔一批专门教师，在检务保障骨干中选拔一批兼职教师，在大专院校聘任一批专家教授，形成一支充足且相对稳定的“专、兼、聘”相结合的检务保障师资队伍，以提高检务保障人员素质和能力为重点，分期分批开展轮训。三是大力开展教学研究，组织编写一套既有理论性，又有操作性的检务保障业务讲义，不断从理论与实践的结合上研究检察保障工作中出现的新情况、新问题，提出新对策、新方法，使检务保障干警增长新知识、新技能。

（四）进一步完善检务保障队伍管理机制

检务保障人员责任重大，必须逐步建立并完善有效的管理机制。一是将检务保障人员管理纳入分类管理模式。比照国务院办公厅［2008］9号《关于规范公安机关人民警察职务序列的意见》，将检察人员职务序列分为检察官类、综合管理类、检察辅助人员类、专业技术类。根据检务保障人员的不同情况，将其纳入相应的职务序列，更好地解决检务保障人员的职级尤其是技术职级的晋升和工资待遇问题，增加工作动力，提高检务保障人员工作积极性。二是完善有效的用人激励机制。按照“三位一体”规范化建设和ISO质量体系要求，紧紧围绕“为检察业务服务、为机关服务、为基层服务”的目标，细化检务保障工作流程和管理目标，强化记录，严格考核，奖优罚劣，形成一个人人争上、个个创优的良好氛围。三是完善相应的教育监督机制。始终坚持从严治检，认真落实党风廉政建设责任制，对检务保障队伍严格教育、严格管理、严格监督，切实提高拒腐防变的能力。要从基础工作抓起，逐步形成完备的制度规范体系，规范各项工作程序。继续加大对重点管理岗位人员的监督力度，严格执行收支两条线、政府采购、固定资产管理等制度，坚决防止和纠正各种利用管理权谋取私利的行为，严肃查处违法违纪案件。抓好经常性的思想政治工作，及时了解掌握检务保障人员的思想、工作和学习情况，把解决思想问题与解决实际问题结合起来，不断增强思想政治工作的及时性、针对性和实效性。加大培养、树立、宣传先进典型的力度，树立一批严于律己、乐于奉献的先进典型，充分发挥先进典型的示范作用，努力打造一支讲大局、善协调、会管理、业务精、律己严、作风硬的检务保障队伍。

借鉴篇

部分国家与地区检察保障体制及运行机制

建立健全检察经费保障体制及运行机制，是联合国、地区及主权国家所共同一致关注的重大问题。联合国《关于司法机关独立的基本原则》第7条规定："向司法机关提供充足的资源，以使之得以适当地履行其职责，是每一会员国的义务"，上述"资源"包括提供需要的办公条件、办案费用等。

世界上大多数国家都将司法机关的经费独立出来，单独列入国家预算，由中央财政统一划拨，并以法律的形式确保司法机关经费的充足。通常的做法是，由国家最高司法机关独立编制全国各级司法机关经费的总预算，交由立法机关审议批准，最后再由最高司法机关根据预算在全国司法系统内部统一分配使用。联合国大会《北京宣言》第37条规定："法院的预算应由法院制定，或者由有关机关与司法机关共同列出。"为了确保检察一体化得以实现，许多国家都确立了检察机关的经费保障机制。世界大多数国家检察机关的经费均由中央财政拨款解决。

一、英　国

（一）英国检察保障的特点

英国是世界上法律体系建立比较完备的国家，其法律制度安排既是英美法系的典型代表，又具有大陆法系的法律文化传统。以这种多元文化结构基础建立起来的法律制度及其安排，形成了自身一大特色。在司法机构设置上，英国（仅指英格兰和威尔士地区）司法体系大体可分为刑事与民事两个部分。检察院作为刑事司法系统的一个组成部分，检察机关由以总检察长为首长的总检察长办公室、皇家检察院以及地区检察院构成，实行分级设置、自上而下垂直领导，在全国42个警区设置42个地区皇家检察院作为检察机关的基层机构。其检察经费保障得到高度重视，通过建立比较健全的法制化财政保障制度，以立法的形式保证检察机关的经费来源，把它作为公共支出的重点予以保障，确保检察机关不因经费方面的问题影响执法办案工作，其成效明显。其经费保障具有如下特点。

1. 创新体制，实行中央财政全额保障的体制

英国的司法机构由中央一级管理。与此相适应，法院、检察院、警察、安全、监狱等司法部门的经费由中央政府承担。英国有中央、郡和区三级政府和三级财政。但是，对司法经费保障实行中央一级财政保障的体制。根据英国基本法的规定，英国将司法部门作为向全国所有个人提供具有以国家为整体考虑的集体性质的“公共劳务职能”而与“资源配置职能”“稳定经济职能”一起作为中央财政的三大职能之一，由中央公共财政予以保障。总检察长办公室负责

经费的使用与管理。为了维护检察机关的独立建制而不依附于行政机关，确保独立行使检察权，英国检察系统实行财政独立，英国皇家检察院的业务经费和人员工资均由财政部根据议会的决定予以划拨，皇家检察院检察官和辅助人员人数亦由财政部确定，经费管理主要由总检察长办公室负责。检察机关从财政部获得经费预算后，再直接向各检察院分配经费，经费的统一划拨保证了其检察权的独立行使，使检察机构完全摆脱了地方当局的控制和影响。在这种情况下，检察长及其领导下的皇家检察院在做出决定时完全独立于政府。

2. 保障充足，确保执法办案需要

英国实行雄厚的中央公共财政保障，给检察机关执法办案，提高执法公信力提供支撑。其特点是：一是通过立法予以检察经费保障。英国高度重视检察经费支出，并把它作为公共支出的重点来予以保障，以立法的形式规定检察院等司法机构获得独立的预算权力，使依法独立行使检察权在经济上有了强有力的保证。二是经费支出比重较大。占公共支出的比重较高，其特点之一就是保持了较高的增长幅度。据有关资料，2004 年度，英国司法机关的支出占中央政府公共支出的 8.3%，年均增长 6%。2004～2011 年度计划，英国检察院年度预算经费总额为 6.06 亿英镑左右，人均 1 万英镑。三是人员经费所占比重大。在英国，由于检察官待遇很高，人员经费占司法经费支出的绝大部分，一般在 83% 左右。为保证检察官依法公正地履行职权，该国还专门制定了保证检察官获得充足经济收入和物质待遇的制度。检察官的工资福利水平居社会中上等，远高于一般政府公务员的工资水平。

3. 强化合作，提高资金使用效率

英国鼓励各司法部门通过加强合作协调以提高工作效率、降低司法成本。在刑事司法系统，从中央到地区均成立了刑事司法委员会，统一协调警察、检察、审判、监狱、假释等各部门的工作。委员会年初要提交合作计划，制定体现效率的业务指标，并向社会公布。英国法院系统还成立了量刑指导委员会，目的是保证各法院量刑的一致性，使法官清楚量刑结果对监狱的影响，提倡刑罚轻缓权，即判处轻刑、短刑、罚金刑。英国财政部的官员认为，在整个司法系统，每一个部门作出的决定，都会引起其他部门工作成本的变化。因此，他们从预算角度进行控制，促使各相关部门都要考虑效益。英国由内政部统一投资建立刑事司法信息系统，也称“案卷公助系统”，各司法部门间做到了案卷互换、信息共享。同时，积极推行司法改革，以司法改革促进司法成本的降低。

4. 制度健全，确保经费使用规范合理

英国不断健全制度，完善机制，规范管理经费的使用管理，提高效益。主要表现在以下几点。

（1）细化预算编制。其主要特点是：一是注重预算分配的成本和效益性。其主要特点是引入企业机制中公共管理理念，广泛应用于经费预算分配管理中。英国的司法行政部门在对下分配经费时，以案件数量决定经费，而不与人员编制挂钩。在分配经费时，综合考虑当地的面积、人口、失业、经济状况、交通、房屋类型、犯罪率等因素，计算单个工作的成本，以此决定各部门的经费预算。英国由公共服务部门大臣与财政部长签订3~5年的《公共服务协议指标》，包括在有限的资金内犯罪率下降指标、案件审结指标、关押能力增加指标、法律援助指标等方面，所有指标都要公布。各司法部门根据经费总量自行安排采取何种措施完成所有工作任务，而不是每增加一件事情都要财政另行增加经费才能办理，资金不够也由各部门通过改进业务管理方式、减少人员等办法自行解决。二是注重预算编制的计划性。各部门先编制一个5年滚动实施的预算规划，在此基础上，用2年时间编制一个为期3年的部门预算，在一个预算年度执行完成后，各部门可以根据情况对下一年度预算作些适当调整和补充，并报财政部、内阁和议会批准。由于预算跨度大，预算编制每一阶段的工作都有具体的时间和程序规定，体现了西方国家预算编制的高度组织化、程式化。三是注重预算编制的严密性。全面、细致、严密、科学的预算，确保资金来源是完成好检察工作的首要条件，其预算编制极其严密。以2010～2011年度预算为例：共包括四大内容：即：引言（总述）部分、皇家检察署预审报告部分、皇家检察署资源账目部分、会计师职责说明（详见英国皇家检察署预算分析）。

（2）强调预算执行的权威性。预算执行主要以严格执行预算、节约支出、提高资金使用效益为核心。一是努力保持对预算执行的有效控制和约束。检察经费预算是整个日常支出的准绳，各部门开展工作完全取决于预算项目的有无和数额多少。预算执行中如遇经费不足，一般只能通过内部调剂解决，而不能追加预算。人员经费基数核定后增长不大，公用经费虽然可以调剂，但法规对调剂的项目、调剂的幅度和调剂的权限都作了具体的规定，专款专用的项目根据经费数额大小规定了上下级单位间的使用权限。二是重视对预算执行情况的监督。英国对法律援助经费虽然实行按实拨付，但仍然需要编制预算，支出情况要接受审查，并通过招标确定参与法律援助的辩护律师。三是财务分析和监督以绩效评价为核心。英国非常重视司法（检察）经费使用情况的绩效评估，并建立了较为完整的绩效考核机制。对财务状况进行定期分析和评价已成为检察行政主管部门的一项重要工作，几乎每个月都进行，并逐级上报。财务分析和评价不仅是掌握经费开支状况，更重要的是检查经费使用的效果。英国各个检察行政区域的地区主管办公室都专设了一名绩效经理，专门负责对辖区检察机关经费使用效果进行定期评估、考核。通过绩效评价对照绩效指标来改进工作、提高效率，社会和公众也可以依据绩效指标来树立对检察支出的价值认同。

（3）实施全方位监督体系。英国对检察资金的使用效益，实施了从单位内部到主管部门、财政部门、审计部门、议会以至社会等各方面在内的全方位监督体系。每个单位内部都有严格的对预算执行进行监控和绩效考核的管理运作程序；主管部门负有对单位的管理、监督责任，并在预算分配和执行环节实行严密的监管；财政部门通过预算、成本分析、绩效评价、与主管部门签订《公共服务协议》等形式对司法部门进行效益监督；审计部门对单位的支出账单可以随时进行抽查，对超支情况更要进行严格审计；各部门的年度预算、审计结果、绩效评价结果，甚至增加编制都要报议会批准；经批准后的各部门预算、对单位支出的审计结果、部门提高效率计划等都要在网站上公布，接受全社会的监督。

5. 机制健全，资金使用坚持规范管理与灵活应用并重

英国对资金使用实行规范管理与灵活应用相结合的运行机制，其收效甚好。主要特点如下。

（1）检察经费收入严格实行收支分离，分类管理。一是收

入支出严格分离。英国规定执法机关的罚没收入与规费收入每年都编入预算，通过司法部门收取后直接上交财政部，实行两条线管理，专户封闭运行，严格分离。二是分类管理。对各司法部门取得的各项收入，政府和财政部门区别不同情况，实行分类管理。

（2）预算资金在严格规定用途下可以适当调整，体现了严肃性与灵活性的有机结合。一是允许基层单位对不同项目间的经费进行调剂使用。英国制定了一系列的规则、制度，以保证预算执行中的灵活性，避免管理过于僵化而产生的负面效应。如除人员经费和专项经费必须专用外，检察经费其他类支出没有硬性的限制，而只注重经费使用所取得的效益。二是改进对结余经费的管理。英国曾规定当年经费当年用完、结余上交，其后改为结余的经费可以留用，而且不影响下一年度的预算，以鼓励节约。三是允许主管部门预留机动经费。为了解决预算执行中的各种不确定增支因素，英国的司法行政部门都按预算的一定比例预留机动经费，用于解决不可预见性经费支出。

（3）预算分配管理级次灵活多样。英国对预算资金的分配管理方式主要为两种。其一为由财政部门分配到检察主管部门，再由主管部门分配到基层单位；其二为由财政部门直接分配到基层单位。目前主要采用第一种方式。同时，部门负责分配时也有不同情况，一般是将日常公用经费、小额房屋维修和采购经费分配到各基层单位，但信息系统建设经费、一定数额以上的建筑维修、大的采购合同都由各司法行政主管部门直接掌握。

（二）英国皇家检察署预算分析

1. 清晰的预算概念与明确的支出权益范围

英国皇家检察署年度预算是指其各类计划预算支出及其管理费用、营业成本和资本费用。具体包含：（1）英国皇家检察署（包括财政收入与关税公诉办公室）的各类计划预算支出；（2）英国皇家检察署在英格兰及威尔士产生的管理费用、营业成本和资本费用。

皇家检察署各部门支出额度的范围是指管理费用、营业成本、资本费用。其管理费用包括：（1）雇用私人机构；（2）检控费用；（3）没收犯罪所得收益费用；（4）刑事司法系统能力建设费用；（5）来自刑事司法系统内非官方机构的资助；（6）相关贬值以及任何其他非现金费用，等等。

同时，预算对皇家检察署的收益进行了界定，明确获得的收益范围：（1）法庭上判予皇家检察署的费用；（2）收回资产激励计划；（3）暂借人员费用偿还；（4）出租、处置、腾出或占有财产或贷款；（5）与伙伴机构协作；（6）共享服务；（7）其他管理收益。

2. 严格的预算编制、审查与表决

英国皇家检察署预算实行跨年预（决）算制度，即预（决）算以当年度的4月，截至第二年3月作为预（决）算年度。英国皇家预算由其编制，财政部审查，国会审查表决。据对2005年以来预算编制表决情况统计，其程序严密，审查严格，预算执行与监管到位。如表7－1所示。

表 7－1　预算编制表决情况统计　　　　（1 000英镑）

<table>
<tr><th colspan="3">项目</th><th>2011 年</th><th>2010 年</th><th>2009 年</th><th>2008 年</th><th>2007 年</th><th>2006 年</th><th>2005 年</th></tr>
<tr><td rowspan="10">表决拨款</td><td rowspan="3">部门支出额度</td><td>资源</td><td>613 440</td><td>597 016</td><td>637 995</td><td>629 798</td><td>624 537</td><td>592 880</td><td>558 644</td></tr>
<tr><td>资金</td><td>2 620</td><td>5 100</td><td>5 200</td><td>5 300</td><td>7 400</td><td>7 400</td><td>7 400</td></tr>
<tr><td>小计</td><td>616 060</td><td>602 116</td><td>643 195</td><td>635 098</td><td>631 937</td><td>600 280</td><td>566 044</td></tr>
<tr><td rowspan="3">年度管理费用</td><td>资源</td><td>7 593</td><td>2 635</td><td>—</td><td>—</td><td>—</td><td>—</td><td>—</td></tr>
<tr><td>资金</td><td>—</td><td>—</td><td>—</td><td>—</td><td>—</td><td>—</td><td>—</td></tr>
<tr><td>小计</td><td>7 593</td><td>2 635</td><td>—</td><td>—</td><td>—</td><td>—</td><td>—</td></tr>
<tr><td rowspan="3">预算总净额</td><td>资源</td><td>621 033</td><td>599 651</td><td>637 995</td><td>629 798</td><td>624 537</td><td>592 880</td><td>558 644</td></tr>
<tr><td>资金</td><td>7 593</td><td>5 100</td><td>5 200</td><td>5 300</td><td>7 400</td><td>7 400</td><td>7 400</td></tr>
<tr><td>小计</td><td>628 626</td><td>604 751</td><td>643 195</td><td>635 098</td><td>631 937</td><td>600 280</td><td>566 044</td></tr>
<tr><td colspan="2">非预算支出</td><td>—</td><td>28 014</td><td>—</td><td>—</td><td>—</td><td>—</td><td>—</td></tr>
<tr><td colspan="3">现金调整增加量</td><td>－16 793</td><td>－1 565</td><td>－6 742</td><td>－6 803</td><td>－6 864</td><td>－6 862</td><td>－7 357</td></tr>
<tr><td colspan="3">未表决拨款</td><td>—</td><td>—</td><td>—</td><td>—</td><td>—</td><td>—</td><td>—</td></tr>
<tr><td colspan="3">净现金要求</td><td>606 860</td><td>631 200</td><td>636 453</td><td>628 295</td><td>625 073</td><td>593 418</td><td>558 687</td></tr>
</table>

3. 皇家检察署资源账目

表 7－2　拨款情况　　　　（1 000 英镑）

<table>
<tr><th colspan="3">项目</th><th>2011 年</th><th>2010 年</th><th>2009 年</th><th>2008 年</th><th>2007 年</th><th>2006 年</th><th>2005 年</th></tr>
<tr><td rowspan="6">表决拨款合计</td><td rowspan="2">部门支出额度</td><td>资源</td><td>613 440</td><td>627 665</td><td>637 995</td><td>629 798</td><td>624 537</td><td>592 880</td><td>558 644</td></tr>
<tr><td>资金</td><td>2 620</td><td>—</td><td>—</td><td>—</td><td>—</td><td>—</td><td>—</td></tr>
<tr><td rowspan="2">年度管理费用</td><td>资源</td><td>7 593</td><td>—</td><td>—</td><td>—</td><td>—</td><td>—</td><td>—</td></tr>
<tr><td>资金</td><td>—</td><td>—</td><td>—</td><td>—</td><td>—</td><td>—</td><td>—</td></tr>
<tr><td colspan="2">非预算费用</td><td>—</td><td>—</td><td>—</td><td>—</td><td>—</td><td>—</td><td>—</td></tr>
<tr><td colspan="2">净现金要求</td><td>606 860</td><td>631 200</td><td>636 453</td><td>628 295</td><td>625 073</td><td>593 418</td><td>558 687</td></tr>
</table>

续表

项目			2011 年	2010 年	2009 年	2008 年	2007 年	2006 年	2005 年
暂付表决拨款	部门支出额度	资源	284 939	303 329	283 409	281 041	266 796	279 322	205 476
		资金	1 500	—	—	—	—	—	—
	年度管理费用	资源	433	—	—	—	—	—	—
		资金	—	—	—	—	—	—	—
	非预算费用		—	—	—	—	—	—	—
	净现金要求		284 040	302 635	282 732	281 282	267 038	279 344	205 944
待完成余额	部门支出额度	资源	328 501	324 336	354 586	348 757	357 741	313 558	353 168
		资金	1 120	—	—	—	—	—	—
	年度管理费用	资源	7 160	—	—	—	—	—	—
		资金	—	—	—	—	—	—	—
	非预算费用		—	—	—	—	—	—	—
	净现金要求		322 820	328 565	353 721	347 013	358 035	314 074	352 743

4. 会计师职责

会计师负责编写每个财政年度的资源账目。

以下个人对本预审报告的开支负责：

总会计师：Keir Starmer QC；

助理会计师：Peter Lewis。

Keir Starmer QC 负责适当陈述资源账目，并移交给审计师与审计总长。Keir Starmer QC 还负责公款使用及资产管理。

履行这些职责详述如下：

（1）遵守任何会计制度与披露要求（包括任何账目指令），始终运用一致的会计原则；

（2）作出合理的判断与评估；

（3）说明是否遵循《财务报告指南》或某一机构规定的有关会计标准，解释账目中的任何实质性偏差；

（4）编写持续经营账目。

会计师职责，包括对于公共财政适当性和规则性的应付个人责任；保存适当记录和保管资产的责任；详见财政部颁布的管理公款第三章规定。

依照管理公款要求，书面规定了总会计师与助理会计师的关系、助理会计师与各大臣的关系及其各自职责。

二、美　国

美国的检察经费实行按检察部门隶属关系分别由联邦、州、县或市镇分级保障的体制。联邦检察系统的经费由联邦政府统一负担，美国于1939年设立了联邦法院司法行政管理局，专门担任联邦司法系统的行政管理职责，由它制定并向国会提出联邦法院预算，审核并分配各联邦法院的经费。美国联邦各级检察机关的经费都由联邦政府拨给，由联邦最高检察机关法院统一分配使用。地方检察官和警察主要由地方选举产生或组建，其经费分别由所属的州、县或市镇地方政府承担。

依《全美检察准则》第5.2条的规定，虑及检察官薪俸应注意：（1）检察官所享有薪俸级别应与从事律师业务或工商行业类似责任大体相当；（2）检察官所享有薪俸级别应与从事公告服务类似责任大体相当。与此同时，依《全美检察准则》第5.4条的规定，确定检察官薪俸时不应考虑：（1）检察官诸如种族、国籍渊源、宗教信仰、年龄及性别等自身特征差异；（2）党派门户之见；（3）因检察职能所产生的收入。就具体薪俸而言，《全美检察准则》第5.3条要求，专职检察官薪俸不得低于该司法区具有普遍管辖权之首席法官薪俸，助理检察官最高薪俸不得超出经选举产生检察官之薪俸。同时，美国检察官通常还享有休假、病假、公积金及退休金保障。《全美检察准则》第5.5条明确，作为工资之补充，检察官应获得医疗保险及退休金保障，且至少与该州法官所享有之水平相当。检察官福利还包括因其履行职责导致民事诉讼所产生辩护及判决之所有补偿金或保险金❶。

在美国，检察官的收入与法官基本相同。检察官的收入居社会中上等水平，远高于一般政府公务员。美国联邦最高法院首席大法官的工资与副总统相等，联邦法院法官与国会议员、政府内阁官员工资大体相等。联邦各级法院法官的工资差别不大，联邦各级法院的法官年薪在13万~16万美元，州法院法官的年薪在6万~12万美元。

三、日　本

日本检察机关的经费有中央财政加以保障，并专门制定了的检察官薪金法，建立了单独的检察官工资序列，并随着国家公务人员工资增减情况同步浮动。从工资总体水平看，检察官的工资水平与法官基本一样，远远高于一般国家公务人员。与其他公务员工资相比，检察官工资起点较高，但上升幅度小。除法律规定的工资外，检察官还享受国家规定的各种奖金和津贴。津贴主要根

❶ 张鸿巍：《美国检察制度研究》，人民出版社2009年版，第2~73页。

据地区差异确定，如在东京工作的检察官就可以享受占工资总额12%的地区补贴；奖金则视个人工作表现决定，最优秀人员的奖金相当于月工资的1.4倍。日本检察官工资档次分为26级，其中最高检察厅检事总长、东京高等检察厅检事长、最高检察厅次长检事和其他7个高等检察厅检事长的工资档次分居前三位。从2003年4月的工资看，上述人员的月薪分别是164.6万日元、146万日元和134.5万日元。其他检事工资分为20档，副检事工资分为17档，副检事第14档至副特级工资分别与检事20档至6档工资对应。副检事最高工资额档次相当于检事6档工资。检事中的月薪标准相差也很悬殊，最低的月薪23.46万日元，最高的可达131.7万日元，相差近6倍。

检察官和检察事务官的工资按年功和资历晋升，第一次晋升一级工资只需半年时间，第二次需9个月，此后隔一年半升一级，工作10年以后每隔两三年晋一级工资。此外，检察官和辅助人员退休后的退职金也非常高，足以维持比较体面的生活。

四、德　国

德国没有单独的检察官法或者检察院组织法，在检察系统的设置方面，各级检察院按照“配置制”原则，设立于平级的法院中，但它们在公务活动中各自独立。由于德国实行联邦制，则相应的，检察院也分联邦和各州的检察院。在联邦一级，设立联邦总检察院。在州一级，有州总检察院、州检察院。《德国法院组织法》第148条规定，联邦首席检察官（Generalbundesanwalt）以及联邦检察官

(Bundesanwälte) 是公务员。[1] 各联邦的检察官也属于公务员。检察官的权利和义务由公务员法 (Bundesbeamtengesetz) 规定，其福利待遇由公务员保障法和工资法 (Bundesbesoldungsgesetz) 规定。

与实行由联邦和州两级管理的司法体制相适应，德国的司法经费保障实行由联邦和州两级负担的体制，联邦政府只负责联邦各法院、检察院、司法部、警察等司法机构的经费，所有监狱经费和州属司法部门、法院、检察院、警察等部门的经费均由各州负责。联邦和州内政部负责管理警察经费；联邦司法部负责管理联邦法院及检察院的经费，每年年初，联邦各法院及检察院提出经费预算送司法部，由司法部审查，商财政部综合平衡后，报请联邦议会批准。各州司法部管理各法院、检察院及监狱经费，劳工法院、社会法院等专门法院的经费则由劳工部、社会福利部等专门机构负责。德国联邦司法部负责管理联邦法院、联邦检察院的经费。

德国检察官的工资待遇均高于同级政府公务员的工资标准，与法官工资水平一致。检察官的工资完全按照职位和年龄来确定。检察官工资大致分为基础工资、年龄工资、职务工资几个部分，每2年晋升一次。德国没有为检察官设置等级，无论是在州检察院还是市检察院处于同一职务层次上的检察官的基础工资和职务工资都是一样的。如果检察官年龄相同，州检察院的普通检察官、主任检察官和市检察院的普通检察官、主任检察官的工资收入相同。但是，由于年龄工资占有较大比重，低一级职位上年长的人的工资可能比上一级职位上的年轻人的工资高。

[1] Kissel/Mayer, Gerichtsverfassungsgesetz, Kommentar, 6. Auf l., 2, 010, München: Verlag C. H. Beck, S. 951.

五、法　国

法国的检察机关也是按“配置制”的原则设于各级法院内，归属司法部。其管理20世纪80年代中期以来，改革设置了检察官事务委员会，专司检察官的晋升奖惩等职务保障，培训等职业保障，其经费也由中央财政负担。法国司法部负责全国普通法院系统及检察官的经费预算编制和管理。各基层法院向上诉法院提出每年所需经费预算，上诉法院汇总后报司法部，司法部对最高法院和上诉法院的经费预算进行审查，并会商财政部综合平衡，最后报议会批准。法国检察官与法官的薪金相同。在法国，检察官的工资待遇法官工资水平一致，均高于同级政府公务员的工资标准。一个刚刚任职的检察官月薪2万法郎，一般检察官到退休时月薪可达4万法郎；他们夜间和周末加班均有奖金，奖金相当于薪金的40%。

六、加拿大

加拿大也是联邦制国家，预算管理体制由联邦、省和地方政府3级组成，检察经费由中央负担。

七、巴　西

在巴西，司法部门根据隶属关系分别由联邦、州、地区和市镇分级保障。联邦法院系统、检察院系统、警察系统的经费由联邦政府统一负担；地方法院、检察院和警察经费由相应的地方政府承担。

在巴西，法官的工资也同样高于政府公务员，其中联邦最高法院大法官的月工资约为2.2万巴币，联邦检察长的工资与总统相同，都是每月1.4万巴币。

八、中国台湾地区

受美国影响，中国台湾地区检察机关隶属于“行政院法务部”。“法务部”主管检察官人事任免、检察政策制定和检察行政业务监督，但“法务部门”的领导不得干预个案。依台湾地区“法院组织法”，检察机关与法院对应配置，其机关性质属于司法机关，各级检察署的经费预算也是比照法院独立编列。对于“司法院”提出的检察机关经费概算，台湾地区“行政院”不可以删减，只能加注意见。

后　记

本书是最高人民检察院部署的“十二五”时期检察工作发展规划专题调研的子课题——推进检察机关保障现代化建设，促进“十二五”时期检察工作科学发展的成果。该调研集中攻关阶段虽仅历时4个月左右，时间不算太长，但课题组成员作为检察机关工作人员，长期从事检务保障的实践管理和理论研究工作，对检察机关经费、装备、基础设施和人员职业保障等方面政策、现状、难题以及努力方向、解决途径等一直高度关注、较为熟稔。因此本书既是专题调研成果的转化，也是我们长期关注和研究检察保障工作的集中体现。

在本书即将付梓出版之际，我首先要感谢贾春旺、曹建明、柯汉民、敬大力等领导同志，是他们的高度重视、亲切关怀和悉心指导为调研工作的顺利开展和成果转化提供了有力支持和坚强保障。

感谢课题组全体成员，在100多个并肩作战的日日夜夜，是他们用睿智的思考、辛勤的奔波和艰苦的努力促成了调研的顺利完成和本书的问世。他们是：湖北省人民检察院的刘大举、匡茂华、杨剑波、曹国兴、刘尧成、肖伟，武汉市汉阳区检察院的金鑫，咸宁市检察院的邓佛围，宜昌市伍家岗区检察院的李若，宜昌市三峡坝区检察院的夏祥军，襄阳市城郊地区检察院的吴方春，十堰市张弯区检察院的董可飞和荆州市江北地区检察院的燕娟。

在调研和本书编写过程中，得到了最高人民检察院、地方各级人民检察院、湖北省各级党委政法委、财政、人民法院、公安、司法、人事、统计、国税、地税等部门的大力支持，在此表示衷心的感谢！

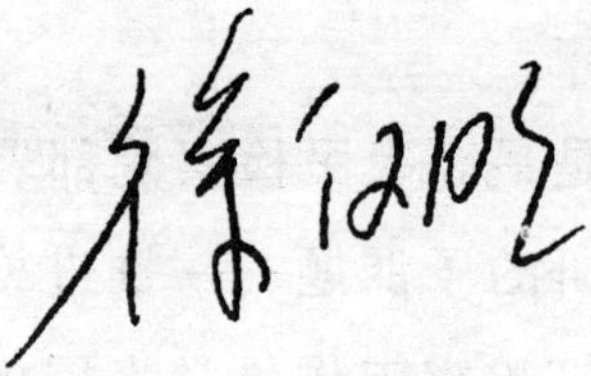

2012年3月18日

于武汉市洪山区雄楚大街356号